移転価格税制

20問20答【実践編】

はしがき

このたび、移転価格税制に係る実務のアウトラインをFAQ方式で解説した「実践編」を刊行する運びとなりました。

1986年度の税制改正でわが国に移転価格税制が導入されてから、早くも35年が経過しようとしていますが、この間の本税制による課税件数の増加や小規模取引への拡大、事前確認及び相互協議などの実務の広まりは、本当に驚くべきものがあります。

近年においても、包摂的枠組み（Inclusive Framework）に参加する130以上の国・地域に拡大したBEPSプロジェクトの取組によって、わが国の移転価格税制の分野においても、文書化制度の整備（2016年度税制改正）や、無形資産の評価や課税方法に係る新しい考え方の導入（2019年度税制改正）など、非常に大きな変化がもたらされています。

また、今般、突然発生した新型コロナウイルスの世界的なパンデミックは、まさに本書で解説されているような取引単位営業利益法（TNMM）を中心とした実務の下では、新たな移転価格税制上の課税リスクを生じさせています。

こうした中で、大企業のみならず、中小規模の企業においても、移転価格税制に関する基本的な制度や実務を理解して、文書化や調査への対応に着実に取り組んでいただくことが、企業の発展のためにますます重要となってきているように思われます。

本書では、企業で移転価格を担当される方などを念頭に、第一章では復習の意味で制度の概要を、第二章と第三章では多くの方々が疑問を持ち実際にしばしばご質問を頂戴するテーマ（例えば**「具体的にわが社はどの算定手法を使用したらよいか？→Q9-1」「わが社は文書化義務の対象になるか。特にローカルファイルの作成義務があるか？→Q13」「移転価格税制で課税されるリスクを減らすにはどうしたらよいか？→Q16」**といったもの）について、できるだけ分かりやすく、かつ、説明のレベルを落とさないように、具体的な記述に努めています。

　本書が皆様の日々の実務のお役に立つことを、心より願っております。

2021 年 7 月吉日

理事長　徳田 孝司

Contents

移転価格税制 20問20答【実践編】
～移転価格税制に精通した実務家がやさしく具体的に解説～

第一章

移転価格の基礎

1 あらためて、移転価格や独立企業間原則とは何ですか？

A

☞ 移転価格税制は、国外への所得移転に対応するために、国外関連者（Q6参照）との取引価格について、第三者との間で成立する価格で行われたものとみなして課税を行う制度です。

☞ 適正な取引であるかどうかの検討に関し、独立した第三者との間で行った取引を基準とする原則のことを、独立企業間原則（Arm's Length Principle）、その基準となる価格のことを、独立企業間価格（Arm's Length Price : ALP）と呼びます。

■ 解説

　国内の企業が、海外のグループ企業（国外関連者）との間で取引を行った場合、自由に価格設定ができるため、独立した第三者間の取引とは異なる価格で取引されることがあります。

　この場合、価格の設定によっては、結果として一方の企業の利益をもう一方の企業へと移すことが可能となります。

　移転価格税制は、このような国外関連者との取引を通した国外への所得の移転に対応するために、その取引が第三者との間であれば成立したであろう価格で行われたものとみなして課税を行うという制度です。

◆海外のグループ企業へ「独立企業間価格」より20円「安く」売った例

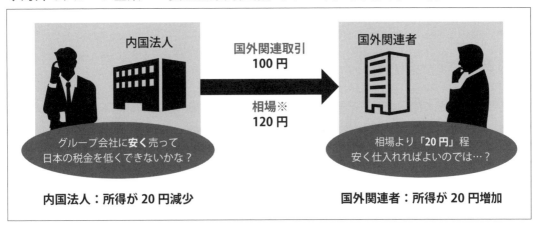

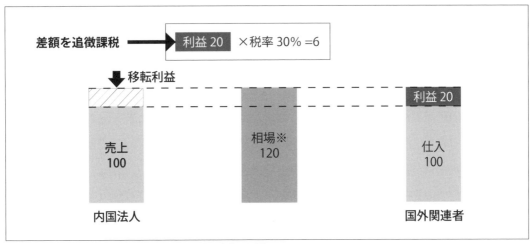

※「相場」＝「独立した第三者との取引価格（独立企業間価格）」

　その際に国外関連取引の適正さを判断する基準となる価格が、独立企業間価格（Arm's Length Price）であり、これは、国外関連取引と同様の状況下で相互に支配・被支配の関係のない独立した第三者間において同種や類似の取引が行われた場合に成立すると認められる取引価格になります。

　移転価格税制は、20世紀前半に米国でその原型が形成され、近年では世界各国で導入されています。わが国では昭和61年（1986年）度の税制改正で導入、租税特別措置法66条の4に規定されており、法人に対して適用されます。

新宿みなみぐち通信

◎ あーむず・れんぐす？

● なぜ「関連者間の取引であるために、その価格が通常の（第三者間の）取引と異なっている問題」のことを**移転価格（Transfer Pricing: TP）問題**と呼ぶのでしょう。

　もともとは、ある企業の内部（異なる部門間や本店・支店の間など）で商品を移転（transfer）する際の価格のことを移転価格と呼ぶから、ということのようです。他人との trade や sell や buy ではなく、内部的に transfer する価格というニュアンスです。

　これから転じて現在では、もっぱら移転価格税制において、法律的には別企業でも関連企業の間で商品等が移転されている場面でこの名称を聞くことが多くなっています。

● また、**独立企業間価格**は英語では Arm's Length Price（腕の長さの価格）になります。

　私たちの感覚では「腕の長さというのは、かなり近いのでは」と思ってしまいますが、英語の語感だと、これで適切な距離は保たれているということになるようです。

　「近い関係でありながらも、互いに独立の立場を保っている」という、親しいけれど、肩を組んだり、慣れあっている関係ではない、というイメージでしょうか。

　でも、なんとなくストレートで殴られたら届きそうですし…この辺りは昭和の時代に英語を学んだ世代には今一つよく分かりません…。

Q 2 移転価格に関する税務調査の状況について教えてください

A

☞ わが国当局による移転価格調査の推移を見ると、平成30年度の課税件数は、平成17年当時の約2倍に増加しており、課税金額については、近年では年間数百億円程度になっています。
これらの傾向から、大企業への税務調査が一巡し、移転価格調査の対象が中堅規模の企業へも広がっていることが伺われます。

☞ また、当局における体制の強化や、近年の税制改正による文書化義務の導入など、移転価格調査をめぐる環境は厳しさを増しています。

☞ こうしたことから、中小規模の企業においても、移転価格税制への事前の対応の必要性が高まっています。

◆移転価格調査の状況

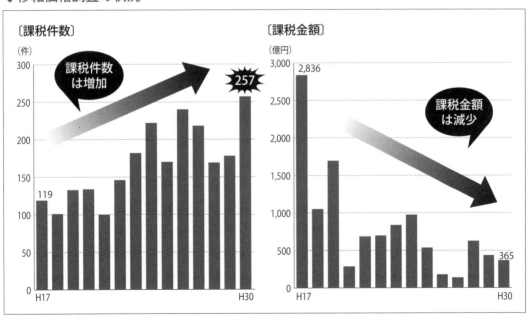

参照：国税庁発表資料

◆国税当局の体制整備

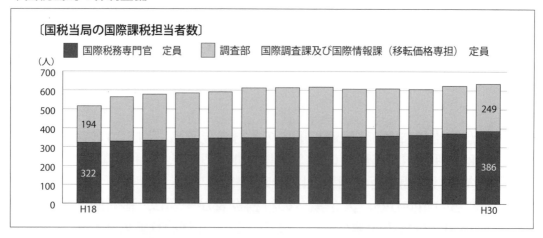

〔国税当局の国際課税担当者数〕

■ 国際税務専門官　定員　　　□ 調査部　国際調査課及び国際情報課（移転価格専担）　定員

◆移転価格取引関連の数値

事務年度	H17	H18	H19	H20	H21	H22	H23	H24	H25	H26	H27	H28	H29	H30
課税件数	119	101	133	134	100	146	182	222	170	240	218	169	178	257
課税金額（億円）	2,836	1,051	1,696	286	687	698	837	974	537	178	137	627	435	365
国際税務担当官総数※	ー	516	564	578	585	591	612	614	617	607	609	606	624	635
調査部担当官数	ー	194	235	244	242	245	264	264	265	253	250	243	252	249

※国際税務専門官と調査部担当官の定員を合計
参照：国税庁「国際戦略トータルプラン」に基づく取組状況

　今後も、移転価格の観点からの調査が増えていくと見込まれます。

■ 解説 ■

　わが国では、制度が導入された昭和 61 年度以降、移転価格税制に関する税務調査が行われていますが、国税庁の発表数値から過去 10 数年の推移を見ると、課税の件数については、平成 17 年当時と比較すると約 2 倍に増加しています。一方で、課税金額について見ると、平成 17 年度の 3,000 億円近い金額をピークに、近年では年間数百億円程度を推移する状況となっています。

　これらの傾向からは、大型取引が多く結果として移転価格課税の金額も大きくなる大企業への税務調査が一巡し、移転価格調査の対象が中堅規模の企業へも拡大してきていることが伺われます。

　また、税務当局においても調査体制の整備が進められています。

　国際課税を担当する職員が増員され、移転価格を担当する職員も、従来の国税局調査部（大規模法人および外国法人を担当）から各税務署にも配置されるようになり、今後は、税務署所管の中小規模法人に対する税務調査においても移転価格の観点からの調査が増えていくことが見込まれます。

　特に税務署所管の比較的小規模の企業は、このような海外子会社との取引に関する調査に対応した経験が少ないため、事前の準備や十分な検討を行わず、あるいは海外子会社が作成した移転価格文書の内容をよく理解しないまま税務署に提出してしまうなど、調査官の指摘に適切に対応できず、結果として数億円に及ぶ追徴課税に至ったようなケースも見受けられます。

　さらに、平成28年（2016年）度の税制改正において、移転価格税制に関して国外関連者との取引がある企業が作成しなくてはならない文書が整備されました（Q5参照）。

　今後は、企業サイドにおいて、国外関連取引については「事前に一定の移転価格分析が行われて、関係する文書も存在している」という状況を前提とした調査が行われることになります。

　したがって、中小規模の企業においても、いつ移転価格調査があっても困ることがないように、事前に国外関連者との取引価格に関する分析・文書化をはじめとした移転価格調査への準備をしておく必要があります。

Q

3 事前確認制度（APA）の状況について教えてください

A

☞ 事前確認制度は、毎年100件以上の申出が行われており、引き続き、事前確認へのニーズは高いものがあります。

☞ 事前確認の多くは、「相互協議（Q4参照）を伴う事前確認」となっており、納税者はわが国のみならず、国外関連者の所在地国による課税リスクにも対応する必要があると考えています。

■ 解説

　事前確認（APA：Advance Pricing Arrangement）制度とは、企業が採用する一定期間（通常3～5年）の独立企業間価格及びその算定方法について、国税当局から事前に確認を受ける制度です。

◆事前確認のイメージ

　わが国の事前確認制度については、毎年10月～12月頃に、国税庁から次の二つの数値が公表されています。

1.国税局調査部の事前確認審査担当課（東京国税局では調査第一部の事前確認審査

課（※令和2年6月までは国際情報第二課））による、事前確認の申出に対する処理等の状況

➡法人調査事績等の発表（「○○事務年度　法人税等の調査事績の概要」）の際に公表される

「移転価格税制に係る事前確認の申出及び処理の状況」

（例：令和2年11月発表分 → https://www.nta.go.jp/information/release/kokuzeicho/2020/hojin_chosa/pdf/hojin_chosa.pdf）

2. 国税庁相互協議室が発表する、相互協議事案の処理等の状況

➡**「○○事務年度の『相互協議の状況』について」**

（例：令和2年10月発表分 → https://www.nta.go.jp/information/release/kokuzeicho/2020/sogo_kyogi/index.htm）

◆移転価格税制に係る事前確認の申出及び処理の状況

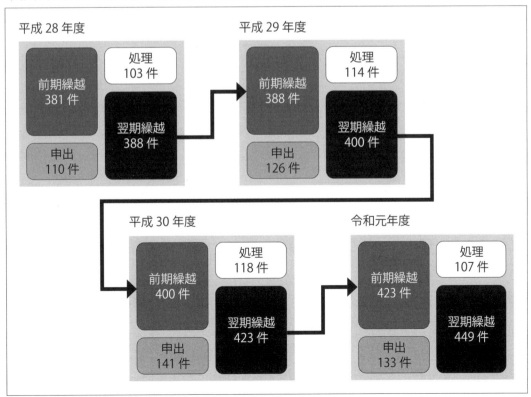

1.と2.の関係は、原則として1.で国税局の担当課による国内審査が終了した事案のうち、さらに相手国との相互協議も必要となるものが、2.の統計に現れてくることになっています。

◆「相互協議事案」に関する発生・処理・繰越の件数

事務年度		相互協議事案の種別（件）			合計（件）
		事前確認	移転価格課税	その他	
平成28	発生	131	25	6	162
	処理	143	28	0	171
	繰越	343	94	19	456
平成29	発生	166	37	3	206
	処理	122	37	7	166
	繰越	387	94	15	496
平成30	発生	163	54	2	219
	処理	146	37	4	187
	繰越	404	111	13	528
令和元	発生	148	44	8	200
	処理	145	36	5	186
	繰越	407	119	16	542

　これらの資料から、近年の事前確認はおよそ以下のような状況であることが分かります。

　第一に、毎年100件以上の事前確認の申出があり、その多くは、わが国当局からの確認を得るだけ（いわゆる「ユニ」の事前確認）ではなく、相手国当局からも同時に確認を得る「相互協議を伴う事前確認」（「バイ」または「マルチ」の事前確認）となっています。

　これらのデータは、更新事案も含めて、近年も事前確認へのニーズが減少していないこと、また、事前確認を申請している納税者は、わが国のみならず国外関連者の所在国から課税を受けるリスクも感じていることなどを示していると言えます。

　第二に、相互協議事案全体の多くが、こうした事前確認のための事案となっています。

　実際に課税が行われてその二重課税を解消するための事案よりも、あらかじめ移転価格課税を避けるために行われている事前確認事案が圧倒的に多いということが、諸

外国と比較した場合のわが国の相互協議の大きな特徴となっています。

　第三に、残念ながらどちらの資料でも、事前確認の繰越件数は年々増加傾向にあります。

　国税局の事前確認審査部署や国税庁相互協議室では体制の整備が進められていますが、とりわけ、相互協議は相手のあることでもあり、申請から相手国との合意を得て終了するまでに数年単位の期間を要すると考えざるを得ない状況となっています。

※相互協議の状況については、次の Q4 で詳しく取り上げます。

 新宿みなみぐち通信

◎ 事前確認制度（APA）の東西

● 移転価格に関する事前確認は、実は昭和 62 年（1987 年）に日本が世界に先駆けて始めたもので、現在も多くの納税者に利用されています。

　その後、米国（1991 年）、カナダ（1994 年）、豪州（1995 年）、韓国（1996 年）、中国（1998 年）などが続いて、現在では 30 カ国以上で導入されています。

　これは、わが国では税務に関する和解が認められておらず（＝「合法性の原則」※）、事前文書回答の件数もあまり多くないことなどを考えると、意外な印象を受ける事実かもしれません。

※金子宏「租税法（23 版）」（弘文堂）87 ページなど参照。

● こうした背景もあって、法律上の根拠を持つ米国等の事前確認は「Advance Pricing **Agreement**」ですが、わが国などの事前確認制度は「Advance Pricing **Arrangement**」とされています。

● なお、米国では事前確認は**有料**で、結構な高額（原則 **6 万ドル!!**）を内国歳入庁（IRS）に支払う必要があります（Rev. Proc. 2015-41, Section 3. User Fees）。

Q

4 相互協議（MAP）の状況について教えてください

A

☞ 相互協議事案は、毎年150件から200件程度が発生しており、ほとんどが「移転価格税制」に関連するもので、中でも事前確認事案が全体の8割近くを占めています（Q3参照）。

☞ 最近では、発生件数が処理件数を上回っており、繰越事案は増加傾向にあります。

☞ 申立てから終了までに、平均で2～3年の期間を要しています。

■ 解説

　相互協議（MAP = Mutual Agreement Procedure）とは、日本または国外関連者の所在地国における移転価格課税により、国際的な二重課税が生じた場合などに、租税条約の相互協議条項（25条）にしたがい、日本と相手国（租税条約締結国）の権限ある当局（Competent Authority）の間で行われる政府間協議のことをいいます。

◆相互協議のイメージ

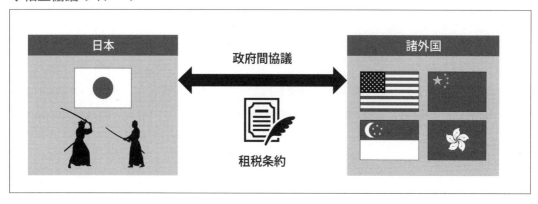

国税庁の発表資料から、相互協議の状況を見てみましょう。

◆過去10年程の相互協議の発生状況

事務年度	H21	H22	H23	H24	H25	H26	H27	H28	H29	H30	R1
発生件数	183	157	143	167	197	187	195	162	206	219	200
移転価格課税※その他	34	22	31	36	45	38	44	31	40	56	52
事前確認	149	135	112	131	152	149	151	131	166	163	148

※ここでは、事前確認に対して「既に移転価格課税が行われた事案」を指します。

・発生件数は、納税者から相互協議の申立てまたは相手国の税務当局から相互協議の申入れがあった件数。
・「移転価格課税その他」には、移転価格課税に加えて、恒久的施設（PE）に関する事案や、源泉所得税に関する事案などが含まれる。

　まず、毎年150件から200件程度の相互協議事案が新規に発生しています。

　前問（Q3）の表と合わせてみると、発生・処理・繰越の各局面で、その件数のほとんどは事前確認または移転価格課税※に伴うもので、広い意味で「移転価格税制」に関連するものとなっています。

　とりわけ、事前確認（「相互協議を伴う事前確認」）の事案が、全体の8割近くを占めています。

　一方、移転価格以外の「PE事案」「源泉事案」「双方居住者事案」などは非常に少数となっています。

※相互協議に関する発表では、「移転価格課税」は事前確認と異なり既に当局による課税が行われた事案を指しています。

◆直近 4 年間の発生（＝申出）、処理、繰越件数の推移

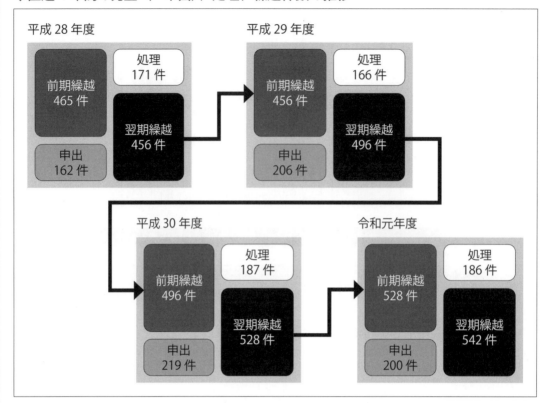

平成 28 年度

処理
171 件

前期繰越
465 件

翌期繰越
456 件

申出
162 件

平成 29 年度

処理
166 件

前期繰越
456 件

翌期繰越
496 件

申出
206 件

平成 30 年度

処理
187 件

前期繰越
496 件

翌期繰越
528 件

申出
219 件

令和元年度

処理
186 件

前期繰越
528 件

翌期繰越
542 件

申出
200 件

　処理件数も伸びていますが、発生件数の伸びがさらに上回っており、繰越件数は引き続き増加傾向にあります。

■相互協議の処理件数及び処理に要した平均的期間

(1) 処理件数

令和元事務年度の**処理件数は 186 件**（前事務年度比 99%）

　　そのうち**事前確認**に係るもの　145 件（78%）

　　移転価格課税その他に係るもの　41 件（22%）

(2) 処理事案 1 件当たりに要した平均的な期間

令和元事務年度の処理事案 1 件当たりに要した**平均的な期間は、29.4 カ月**

（平成 30 年度：34.1 カ月、平成 29 年度：29.9 カ月）

　　そのうち**事前確認**に係るもの

　　　30.7 カ月（平成 30 年度：34.5 カ月、平成 29 年度：30.7 カ月）

　　移転価格課税その他に係るもの

　　　24.9 カ月（平成 30 年度：32.7 カ月、平成 29 年度：27.7 カ月）

出典　国税庁発表資料

　次に、相互協議にどのくらいの期間を必要としているかを見ると、平均処理期間は、25 カ月から 35 カ月程度となっており、申出から当局間の合意を得て解決に至るまでには、平均で 2 ～ 3 年の期間を要していることになります。

◆相互協議処理事案の独立企業間価格算定方法の内訳

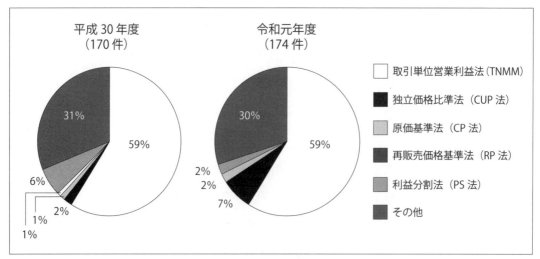

・処理事案1件に複数の算定方法が使用されている場合、それぞれ1算定方法としてカウントしているため、算定方法数の合計と処理件数とは一致しない。
・事前確認に係る相互協議事案の合意後、当該事案に係る補償調整及び修正が生じた場合、当初合意で用いた独立企業間価格の算定方法でカウントしている。

　最後に、相互協議事案の多くは取引単位営業利益法（TNMM）によって処理されています（Q9-1 及び Q9-2 も参照してください）。

Q

5 移転価格税制における
文書化制度について教えてください

A

☞ 平成 28 年度税制改正により、移転価格に関する文書化制度が整備され、ローカルファイル、マスターファイル、国別報告事項（CbC Report）などの作成が必要となっています。

■ 解説

　BEPS プロジェクト等を踏まえた平成 28 年（2016 年）度税制改正により、法人が国外関連取引を行っている場合は、その取引が独立企業間価格で行われていることを示す以下の文書および資料を作成し、保存することが義務付けられています。

1. 多国籍企業グループが作成する文書（親会社が作成）

　前事業年度の連結総収入金額が 1,000 億円以上の多国籍企業グループ（特定多国籍企業グループ）の構成会社等である法人は、次の文書を作成し、国税当局に提供しなければなりません。

▶最終親会社等届出事項

▶国別報告事項（CbC レポート）

▶事業概況報告事項（マスターファイル）

2. 国外関連取引を行った企業が作成する文書（親・子会社がそれぞれ作成）

　一の国外関連者との前事業年度における取引について、①国外関連取引の合計金額が 50 億円以上、または、②無形資産取引の合計金額が 3 億円以上である法人は、その国外関連取引が独立企業間価格で行われていることを示す文書（ローカルファイル）を作成し、保存しなければなりません。

◆簡易診断フローチャート

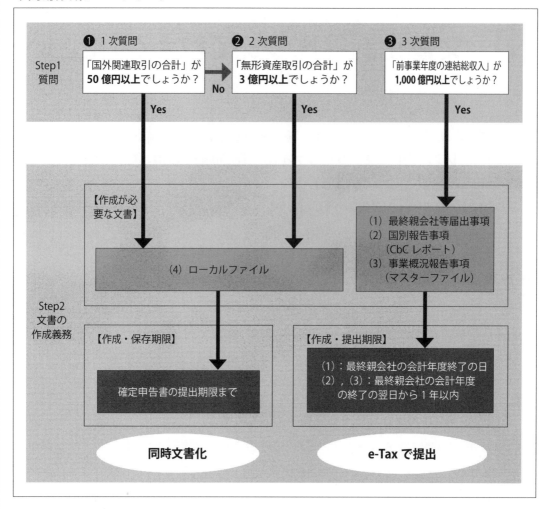

(1) 最終親会社等届出事項

　上記の基準に該当する法人は、最終親会社に関する情報を税務当局に提供する必要があります。なお、提供義務のある法人が複数ある場合には、いずれか一つの法人が代表して提供することができます。

【届出項目】

　①最終親会社の名称　②本店または主たる事務所の所在地　③法人番号　④代表者名

【提供方法】

　e-Tax にて提出

【提供期限】

　最終親会社の会計年度終了の日まで

(2) 国別報告事項（CbC レポート）

　上記の基準に該当する法人は、国別報告事項（CbC レポート）を税務当局に提供する必要があります。

【提供義務者】

イ）条約方式

　特定多国籍企業グループの構成会社等である内国法人（最終親会社等または代理親会社等にあたる法人）

※ 最終親会社が日本にある場合、報告義務者は最終親会社となり、租税条約等に基づく情報交換制度により構成会社の所在国の税務当局に情報が自動的に提供されます。また、最終親会社が外国にある場合で、所在国が情報交換制度の対象国であれば、所在国の税務当局から日本の税務当局へ情報が提供されるため日本の構成会社から国別報告事項の提供は不要です。

ロ）子会社方式

　特定多国籍企業グループの構成会社等である内国法人、または恒久的施設を有する外国法人

※ 最終親会社が外国にある場合で、所在国が情報交換制度の対象国でない場合、日本の構成会社から国別報告事項の提供が必要です。日本国内に特定多国籍企業グループの構成会社が複数ある場合はいずれか一つの法人が代表して提供することができます。

【報告項目】

　特定多国籍企業グループの事業が行われている国ごとの

　　①収入金額、税引前当期利益、納付税額等

　　②構成会社の名称、所在国、主たる事業の内容等

※ 国別報告事項は報告様式が決まっており、国税庁ホームページに案内されている CSV データ形式により作成、提供する必要があります。また使用言語は英語が指定されています。

【提供方法】

　e-TAX にて提出

【提供期限】

　最終親会社会計年度の終了の日の翌日から 1 年以内

※ 正当な理由なく期限内に提供をしなかった場合には 30 万円以下の罰金

(3) 事業概況報告事項（マスターファイル）

　上記の基準に該当する法人は、マスターファイルを税務当局に提供する必要があります。提供義務のある法人が複数ある場合、一つの法人が代表して提出することができます。

【報告項目】

　①多国籍グループの組織概要及び事業概要

　②財務状況等

【提供方法】

　e-Tax にて提出

【提出期限】

　最終親会社会計年度の終了の日の翌日から 1 年以内

※ 正当な理由なく期限内に提供をしなかった場合には 30 万円以下の罰金

(4) ローカルファイル

　上記の基準に該当する法人は、ローカルファイルを確定申告書の提出期限までに作成し、保存しなければなりません。これを「同時文書化義務」といいます。

【報告項目】

　独立企業間価格の算定方法、その方法を選定した理由、比較対象取引の選定方法、比較対象取引の明細等の情報であり、以下の項目が法定されています（租税特別措置法施行規則 22 条の 10）。

　　① 対象法人およびグループの概要（規則 22 条の 10 第 6 項 1 号チ）

　　② 国外関連者の概要（規則 22 条の 10 第 6 項 1 号チ）

　　③ 国外関連取引の詳細（規則 22 条の 10 第 6 項 1 号イ、ニ、ホ、へおよびリ）

　　④ 国外関連取引に係る御社と国外関連者の機能及びリスク（規則 22 条の 10 第 6 項 1 号ロ及びハ）

　　⑤ 対象法人および国外関連者の事業方針等（規則 22 条の 10 第 6 項 1 号チ）

　　⑥ 市場等に関する分析（規則 22 条の 10 第 6 項 1 号ト）

　　⑦ 独立企業間価格の算定方法等（規則 22 条の 10 第 6 項 2 号イ、ロ、ニ及びホ）

　　⑧ 国外関連取引に密接に関連する取引（規則 22 条の 10 第 6 項 1 号ホ及びリ）

【提供方法等】

　ローカルファイルは、該当年度の確定申告書の提出期限の翌日から7年間、法人の国内事務所で保存し、税務調査において提出を求められた場合には、45日以内の指定された期日内に提出することとされています。内容は、定期的に見直し、更新が行われていなければなりません。

　なお、同時文書化義務の対象外の取引であっても移転価格税制の対象になりますので、税務調査においてローカルファイルと同様の文書の提出を求められる場合があります。この場合の提出期限は60日以内の指定された期日内とされています。

◆移転価格税制に係る文書化制度の概要

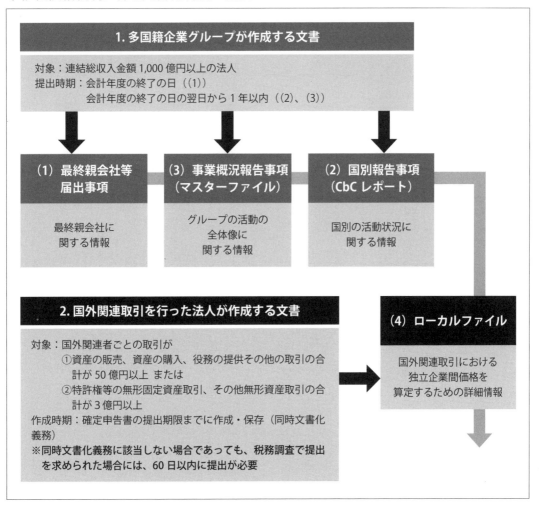

第二章

移転価格税制の
仕組みと
文書化義務

6 移転価格税制の対象となる取引を教えてください

A

☞ 移転価格税制の適用対象となるのは、次の二つの要件を満たす取引です。
　　１. 法人が国外関連者と行う国外関連取引であること。
　　２. 法人が支払いを受ける対価の額が独立企業間価格に満たないこと、または法人が支払う対価の額が独立企業間価格を超えていること。

■ 解説

　移転価格税制は、企業が国外関連者と行う取引の対価の額が独立企業間価格と異なることによって、その法人の課税所得金額が減少している場合に適用される制度です。

１. 適用対象法人

適用対象は、日本の法人税法が適用される次の法人です。

①普通法人 (全世界所得)

②協同組合等（全世界所得）

③公益法人等 (収益事業に係る部分のみ)

④人格のない社団等（収益事業に係る部分のみ）

⑤国内に恒久的施設を有する外国法人（国内源泉所得のみ）

　なお、民法上の組合等（任意組合、投資事業有限責任組合）や匿名組合は、法人税法の適用対象ではないため移転価格税制の対象にもなりません。これらに類似する外国の組合も同様です。

２. 国外関連者

　国外関連者とは、法人と外国法人が「特殊の関係」を有する場合のその外国法人をいいます。

　ここでいう「特殊な関係」とは、下記（1）〜（3）の関係をいいます。

(1) 二つの法人のいずれか一方が、他方の法人の発行済株式の総数または出資金額（自己株式または自己が有する出資を除く。以下「発行済株式等」という）の50%以上を直接または間接に保有する関係

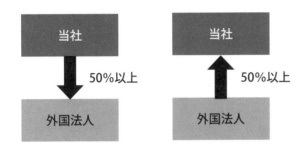

(2) 二つの法人が同一の者（その者が個人である場合には、その個人と特殊の関係がある者を含む）によってそれぞれその発行済株式等の50%以上を直接または間接に保有される関係

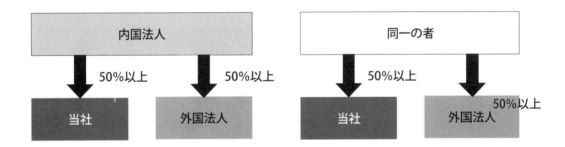

　なお、株式発行会社が議決権のない株式を発行している場合には、これらの株式を発行済み株式に含めたうえで持株割合を判定し、名義株がある場合には、それらの株式については、その実際の権利者が所有しているものとして持株割合を判定します。

(3) 実質支配基準による「特殊な関係」を有する場合

　法人と外国法人との間に①～③に掲げる事実が存在することにより、いずれか一方の法人が他方の法人の事業方針の全部または一部につき実質的に決定できる関係をいいます。

①他方の法人の役員の二分の一以上または代表する権限を有する役員が、一方の法人の役員若しくは使用人を兼務している者または一方の法人の役員若しくは使用人であった者であること。

②他方の法人が、その事業活動の相当部分を一方の法人との取引に依存して行っていること。

③他方の法人が、その事業活動に必要とされる資金の相当部分を一方の法人からの借入により、またはその一方の法人の保証を受けて調達していること。

　二つの法人が同一の者によって実質的に支配されている場合も、その二つの法人の間には「特殊な関係」があるものとされます。

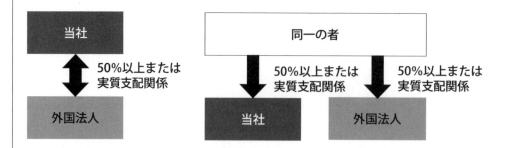

３．国外関連取引

　国外関連取引は、内国法人または（わが国の国内源泉所得について法人税の課税を受ける）外国法人がその国外関連者と行った取引をいいます。

　移転価格税制の対象となる取引形態には、資産の販売・購入、役務の提供その他の取引で、企業の損益に関わりを有するあらゆる取引が含まれます。

　また、非関連者（個人を含む）を介在させて行う取引であっても、みなし国外関連取引に該当すれば移転価格税制の対象となります。

　みなし国外関連取引とは、次のいずれかの事由に該当する取引をいいます。

①法人と非関連者との間の取引の対象となる資産が、国外関連者に販売・譲渡・貸付等の方法によって移転または提供されることが、その取引を行った時においてあらかじめ定められており、かつ、その対価の額が、その法人と国外関連者との間で実質的に決定されていると認められる場合

②国外関連者と非関連者との間の取引の対象となる資産が、法人に販売・譲渡・貸付等の方法によって移転または提供されることが、その取引を行った時においてあらか

じめ定められており、かつ、その対価の額が、その法人と国外関連者との間で実質的に決定されていると認められる場合

◆みなし国外関連取引

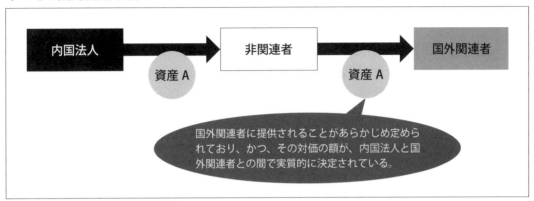

※国外関連者から内国法人に提供される場合（逆方向）も同様。

7 独立企業間価格を算定する手法にはどのようなものがありますか?

移転価格税制の仕組み(その2)

A

☞ 独立企業間価格の算定方法には税法で決められた次のものがあります。
1. 独立価格比準法(CUP法:Comparable Uncontrolled Price Method)
2. 再販売価格基準法(RP法:Resale Price Method)
3. 原価基準法(CP法:Cost Plus Method)
4. 利益分割法(PS法:Profit Split Method)
5. 取引単位営業利益法(TNMM:Transactional Net Margin Method)
6. ディスカウント・キャッシュ・フロー法
(DCF法:Discount Cash Flow Method)

☞ これらの中から最適な方法を選択し、比較対象企業や自社内のデータを用いて独立企業間価格を算定します。

■ 解説

　移転価格税制の適用において基準となる独立企業間価格の計算方法について、わが国の税法は上記のものを定めています。

　それぞれの概要については34〜35ページを参照してください。

　上記1.から3.の方法は、いわゆる基本三法と呼ばれるものです。

　昭和61年(1986年)度税制改正による移転価格税制の導入時には、基本三法と利益分割法が規定されていました。

　その後、利益分割法の中に残余利益分割法(RPSM:Residual Profit Split Method)が明記され、平成16年(2004年)度税制改正で5.の取引単位営業利益法(TNMM)が導入され、最後に令和元年(2019年)度の税制改正で6.のDCF(Discount Cash Flow)法が導入されて、現在の姿になっています。

　なお、従来は基本三法を優先して適用するルールがありましたが、平成23年(2011

年）度税制改正により、現在は全ての中から最適な方法を選択する仕組（ベスト・メソッド・ルール）に移行しています。

　基本三法は、適切な比較対象取引が把握できる場合には、信頼性の高い結果が得られる手法と考えられています。

　RPSMとTNMMは、1995年版のOECDの移転価格ガイドラインで取引単位の手法として整理されたもので、RPSMは国外関連者の合算利益を基本的な利益と残余の利益に分類してそれぞれ分割するところに特徴があり、TNMMは営業利益率による比較を行うところに特徴があります。

　いずれも現在の実務では、世界的によく使用されています。

　ディスカウント・キャッシュ・フロー法は、BEPSプロジェクトの行動計画8「無形資産取引に係る移転価格ルール」などを受けて、令和元年度の税制改正で評価困難な無形資産を取り扱うルール（いわゆる「日本版所得相応性基準」）と同時に比較的最近導入されたものです。

　予測収益等の額を基礎として独立企業間価格を算定する点に大きな特徴があり、他の手法とは異なる性質を持っていますが、使用が想定される範囲はやや限定されており、中小規模の取引で使用する機会は比較的少ないものと考えられます。

　また、それぞれの手法について、棚卸資産取引を扱うもの、棚卸資産以外の取引を扱うもの（「同等の方法」）、準じた手法（「準ずる方法」）が定められています。

◆移転価格算定方法の概要

【いわゆる基本三法】

●独立価格比準法（CUP 法：Comparable Uncontrolled Price Method）

同様の状況下における独立の第三者間の取引価格を、関連者間取引の価格と直接比較する方法。
（取引価格自体を、比較対象となる取引の価格と比較する方法）

●再販売価格基準法（RP 法：Resale Price Method）

国外関連取引の買手が、第三者への再販売価格から（比較対象取引の粗利率（売上総利益／売上高）から算出した）通常の粗利を控除した金額により、仕入価格を算定する方法。
（国外関連取引の買手の粗利を、比較対象となる取引の粗利と比較する方法）

●原価基準法（CP 法：Cost Plus Method）

国外関連取引の売手が、原価に（比較対象取引の原価に対する粗利の率（売上総利益／売上原価）から算出した）通常の粗利を上乗せした金額により、売上金額を算定する方法。
（国外関連取引の売手の粗利を、比較対象となる取引の粗利と比較する方法）

【利益分割法】

●寄与度利益分割法（PS 法：Contribution Profit Split Method）

国外関連取引についての当事者双方の営業利益または売上総利益を合算し、双方の利益の発生に貢献した費用等の割合で分割して独立企業間価格を算定する方法。
（国外関連取引の当事者双方の営業利益等を合計し、利益に貢献する費用等の比率で分割する方法）

●比較利益分割法（CPSM：Comparable Profit Split Method）

国外関連取引と同様の状況の下で行われた第三者間取引に係る利益の配分割合を基に、国外関連取引に係る合計利益を分割して独立企業間価格を算定する方法。
（第三者間の利益分割取引を比較対象取引として比較する方法）

●残余利益分割法（RPSM：Residual Profit Split Method）

国外関連取引についての当事者双方の利益を、①通常の利益（基本的利益）、②超過利益（①を控除した後＝通常の利益を超えた部分の利益）の二段階に分けて分割する方法。
（国外関連取引の当事者双方の利益を合計し、通常利益と超過利益の二つの段階に分けて分割する方法）

【取引単位営業利益法】

●取引単位営業利益法（TNMM：Transactional Net Margin Method）

国外関連取引の当事者の一方につき、その営業利益を比較対象となる取引の営業利益率等（営業利益／売上高、営業利益／総費用（売上原価＋販管費）または 売上総利益／販管費）に基づいて算出することで独立企業間価格を算定する方法。
（国外関連取引の一方の当事者の営業利益率等を、比較対象となる取引の営業利益率等と比較する方法）

【DCF 法】

●ディスカウント・キャッシュ・フロー法（DCF 法：Discount Cash Flow Method）

国外関連取引に係る資産の販売等の対価を、将来生ずると予測される金額を合理的と認められる割引率を用いて現在価値に割り引いた金額とする方法。
（将来キャッシュフローの割引現在価値を資産の評価額とする方法）

 新宿みなみぐち通信

◎ 移転価格税制、発展? の道のり

● わが国の移転価格税制の道のりは、①米国、② OECD、そして③わが国の動きを、以下のように年代順に並べてみると理解しやすいと思います。ざっくりと、**米国が先行**し、**OECD が国際的に標準化**して、最後に**わが国が法制化**するという流れです。

　こうしてみると、発展というか、次々と、より複雑で面倒になっているような…。

1921　米国　移転価格規制第 240 条 (d) 成立

1954　米国　内国歳入法第 482 条（現在の移転価格税制の根拠規定) 成立

1968　米国　第 482 条の整備、独立企業間原則導入

1979　OECD 移転価格に関する報告書 [Transfer Pricing and Multinational Enterprises]
　　　　　 公表

1982　米国　利益分割法導入

1986　日本　移転価格税制導入

　　　　米国　無体資産の算定方法に「所得相応性基準」導入

1987　日本「事前確認制度」を導入

1988　米国「移転価格税制とその執行に関する白書」公表

1992　米国「内国歳入法第 482 条に関する財務省規則案」公表

1995　OECD 新移転価格ガイドライン（TPG）公表。「取引単位利益法」（①取引単位利
　　　　　 益分割法および②取引単位営業利益法（TNMM））を認める

2004　日本　TNMM を導入

2016　日本　文書化制度を導入

2019　日本　DCF 法、所得相応性基準（特定無形資産取引に係る調整措置）を導入

8 移転価格税制の仕組み（その3）
各算定手法で実際に「価格」や「利益率」を算定するにはどうしたらよいでしょうか？

A

☞ 各算定方法については、それぞれの手法ごとに、租税特別措置法（以下、「措法」）66条の4と租税特別措置法施行令（以下、「措令」）39条の12の条文で、具体的な計算方法が定められています。

1. 独立価格比準法（CUP法）➡【措法66条の4②一イ】
2. 再販売価格基準法（RP法）➡【措法66条の4②一ロ】
3. 原価基準法（CP法）➡【措法66条の4②一ハ】
4. 利益分割法（PS法）➡【措法66条の4②一ニ、措令39条の12⑧一】
5. 取引単位営業利益法（TNMM）
   ➡【措法66条の4②一ニ、措令39条の12⑧二・三・四・五】
6. ディスカウント・キャッシュ・フロー法（DCF法）
   ➡【措法66条の4②一ニ、措令39条の12⑧六】

■ 解説

それぞれの手法を理解するために、まずは次の二つの図を理解しましょう。

それぞれの計算では、「売上＝原価＋販管費＋営業利益」という基本式が使われています。

◆図1　基本式

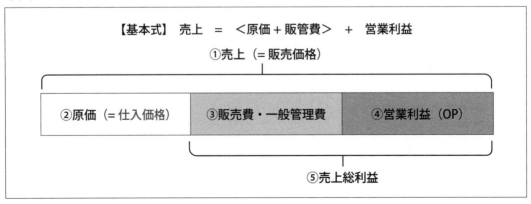

【基本式】　売上　＝　＜原価＋販管費＞　＋　営業利益
①売上（＝販売価格）
②原価（＝仕入価格）　③販売費・一般管理費　④営業利益（OP）
⑤売上総利益

　下図のような取引図も考えておくと、なぜこのような計算になるのかが、分かりやすくなります。

◆図2　典型的取引のイメージ

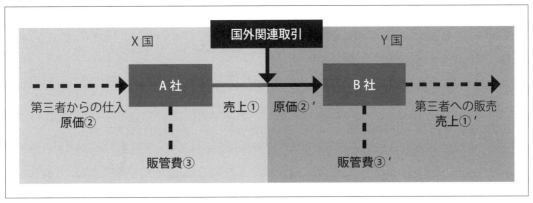

　取引単位営業利益法を例にとると、以下のような形で適切な独立企業間価格が算出されます（Q9-1 および Q9-2 も参照してください）。

1．根拠条文
　TNMM で価格を算出する方法については、措令 39 条の 12 ⑧二～五で以下のように定められています。

2．計算方法と主な適用法人
(1) 営業利益率 $\left[\dfrac{営業利益}{売上}\right]$ を使用する場合 （措令 39 条の 12 ⑧二）
　検証対象者が買手（＝輸入側）で主に再販売会社などの場合に使用されます。

　この場合は＜図2＞の B 社を検証対象者として、適切な輸入原価（②′）を算出することになります。条文では以下の計算をすることになっています。

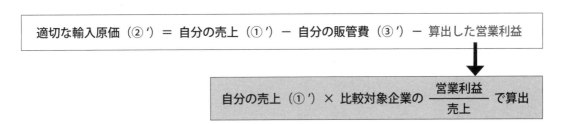

これで適切な原価が算出できるのは、＜図２＞におけるＢ社の売上（①′）と販管費（③′）は第三者への売上と支払いであり、あとは比較対象企業の営業利益率から作成した営業利益を持ってくれば、＜図１＞の基本式「原価＝売上－販管費－営業利益」の全てが独立企業間価格で構成されることになるからです。

(2) いわゆる**フルコスト** $\left[\dfrac{\text{営業利益}}{\text{総コスト}}\right]$ **を使用する場合** （措令 39 条の 12 ⑧三）

　検証対象者が売手（＝輸出側）で主に製造販売会社などに使用されます。

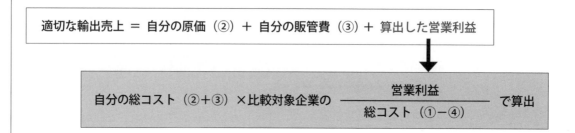

　この場合、Ａ社を対象にして適切な輸出売上価格（①）を算出しますが、＜図２＞においてＡ社の原価（②）と販管費（③）は第三者への支払いなので、あとは比較対象企業のフルコストの率から作成した営業利益を持ってくれば、＜図１＞「売上＝原価＋販管費＋営業利益」の全てが独立企業間価格になります。

(3) **ベリー比** $\left[\dfrac{\text{売上総利益}}{\text{販管費}}\right]$ **を使用する場合** （措令 39 条の 12 ⑧四、五）

　検証対象者が売手（＝輸出側）と買手（＝輸入側）の両方で、主に仲介業者や単純な役務提供業者などに使用されます。

イ）買手を検証対象者とする場合（Resale Price ＝ RP 型）（措令 39 条の 12 ⑧四）

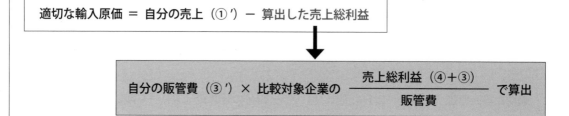

　＜図２＞のＢ社を検証対象にして、適切な輸入原価（②′）を算出します。このとき、Ｂ社の売上（①′）と販管費（③′）は第三者への売上と支払いであるため、比較対象企業のベリー比から作成した売上総利益を使用すれば、＜図１＞の「原価＝売上－売上総利益」全てが独立企業間価格となります。

ロ）売手を検証対象者とする場合（Cost Plus ＝ CP 型）（措令39条の12⑧五）

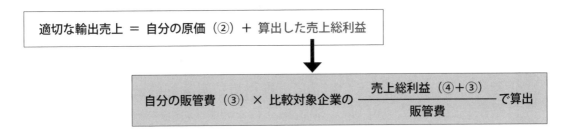

　＜図２＞のＡ社を検証対象にして、適切な輸出売上価格（①）を算出します。このとき、Ａ社の原価（②）と販管費（③）は第三者への支払いであるため、比較対象企業のベリー比から作成した売上総利益を使用すれば、＜図１＞「売上＝原価＋売上総利益」の独立企業間価格となります。

　なお、＜図１＞の式から $\dfrac{売上総利益}{販管費}$ は $\dfrac{（販管費＋営業利益）}{販管費}$ であり、「 $1 + \dfrac{営業利益}{販管費}$ 」となるため、ベリー比も営業利益率を比較する手法と整理されています。

9-1 算定手法の選択
具体的にわが社はどの算定手法を使用したらよいでしょうか？

A

☞ 一般的には、対象となっている国外関連取引の状況により、算定手法も決まります。

☞ ほぼ同様な商品やサービスが第三者間取引にも存在する場合には、基本三法が検討されます。

☞ 近年は、それ以外の多くの場合で、取引単位営業利益法（TNMM）または残余利益分割法（RPSM）が使用されています。

■ 解説 ■

独立企業間価格の算定方法の選択は、多くの場合以下のような手順で行われます。

1. 基本三法の使用検討

検討対象となっている国外関連者との間の商品やサービスの取引について、

・その法人または国外関連者自身が、同じ商品やサービスを第三者との間でも取引している場合、または

・その法人や国外関連者の他にも、ほぼ同じ（「同種」または「類似」の）商品やサービスが存在している場合、

　　独立価格比準法（CUP法）

　　再販売価格基準法（RP法）

　　原価基準法（CP法）

など、いわゆる基本三法の使用が検討されます。

2. 1.のようにほぼ同じ商品やサービスの取引が確認できない場合において、

・その法人と国外関連者の双方が重要な無形資産を持っているときには、

　　残余利益分割法（RPSM）

・重要な無形資産が双方に存在せず、その法人または国外関連者のいずれかの果たしている機能や引き受けているリスクが単純と考えられるときには、

　　取引単位営業利益法（TNMM）

が、検討されます。

　現実には、自社とほぼ同じ商品やサービスの取引が存在し、かつその情報が入手できることはまれであり、双方に重要な無形資産が存在する（通常こうした状況では、その無形資産によって関連者間取引で大きな利益が生じています）ケースでは残余利益分割法が、それ以外の場合には取引単位営業利益法を使用するという実務が行われているようです。

　この結果、現在多く使用されている移転価格算定方法は、以下の二つになります。

◆取引単位営業利益法と残余利益分割法

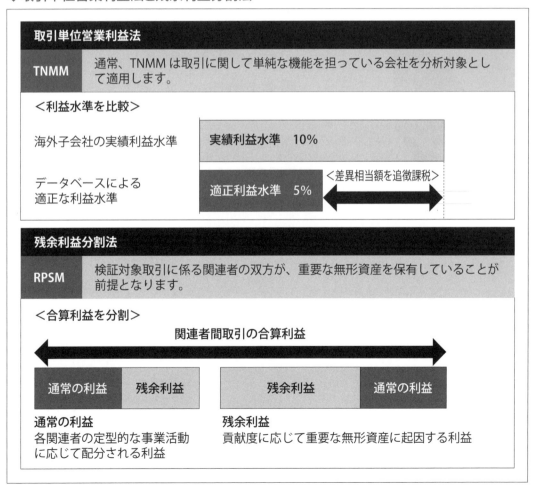

新宿みなみぐち通信

◎ 数値で見てみると

● 近年の移転価格の算定方法の使用頻度について、移転価格の実務に携わっている方々の感触は「ほとんどが TNMM」というものではないでしょうか。

　それでは、実際の使用割合を示すデータを見てみましょう。

● わが国では、相互協議の処理（外国当局との間で合意に達した）事案について、独立企業間価格算定手法の内訳が公表されています（前述 Q4、20 ページを参照）。

　これを見ると、平成 30 年度（2018 年 7 月〜 2019 年 6 月）の処理件数 170 件中の 101 件（59.4%）、令和元年度（2019 年 7 月〜 2020 年 6 月）の処理件数 174 件中では 103 件（59. 2 %）

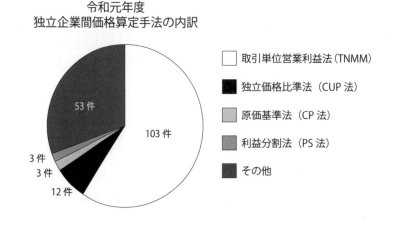

令和元年度
独立企業間価格算定手法の内訳

□ 取引単位営業利益法（TNMM）

■ 独立価格比準法（CUP 法）

▧ 原価基準法（CP 法）

▨ 利益分割法（PS 法）

■ その他

がTNMMとなっています。

　一方、基本三法および利益分割法によるものは、それぞれ16件（9.4%）、18件（10.3%）にすぎません。

● 外国では、例えば2020年に米国のIRSが処理した事前確認（APA）事案のうち、84%がTNMM（米国ではCPMと呼ばれます）であったとされています（「Announcement And Report Concerning Advance Pricing Agreements March 23, 2021」、9ページ）。

　統計の分母が異なるため国税庁とIRSの数値をそのまま比較することはできません※が、前述のとおり、わが国の相互協議はその大部分が事前確認に関するもので、試みに国税庁の発表数値で「その他」の分類を除いた部分をTNMMとそれ以外で按分してみるとTNMMが約85%になりますので、実態はこのあたりにあるのかも知れません。

※国税庁分は「その他」の内容が不明で既に課税された事案が含まれており、IRS分は相互協議を伴わないAPAが含まれている、といった違いがあると考えられます。

● 一方、TNMMは検証対象者の機能・リスクが単純な場合に適切な手法で、当事者双方が重要な機能やリスクを持つような場合には使用できません。こうした場合、実務上は残余利益分割法が多く使われているように思われますが、これを示す公表データは今のところないようです。

Q

9-2 なぜ取引単位営業利益法(TNMM)が最も多く使用されているのでしょうか?

A

☞ 一般的に、同種または類似の商品やサービスが存在しないことや、存在していてもそのデータは公表されていないことが多いため、基本三法を使用できる場面は少なく、また、自社と国外関連者の双方が重要な無形資産を持っている事例も相対的に少ないため、結果として、多くの場合においてTNMMが適切と判断されています(前問9-1参照)。

☞ 実際の適用においても、TNMMには、①外部の公表データベースが使用できる、②商品やサービスの差異に関し他の手法より寛容と考えられている、という大きなメリットがあり、比較的使いやすい手法となっています。

■ 解説

前問Q9-1のとおり、以下のような国外関連取引の実態を踏まえて、税法で規定される各手法の中では、他の手法よりも取引単位営業利益法(TNMM)が適切とされる場面が多くなっています。

ある法人が、国外関連者と同様の条件で非関連者との取引を行っていれば(「内部比較対象取引」と呼ばれます)、その取引を用いて独立価格比準法(CUP法)を使用できますが、ほとんどの場合こうした内部取引はありません。

その場合、外部から比較対象取引(「外部比較対象取引」と呼ばれます)を選定することになりますが、類似した商品やサービスの取引を見つけること自体が容易ではありません。さらに、基本三法を使用するためには、原則として同種の商品やサービスに関する「取引」ごとの「価格」に関する情報が必要となり、もし外部に類似した取引が存在するとしても、このような情報が公表されていることは極めてまれです。

一方、TNMMでは、公開情報である企業データベースを用いることが一般的とされており、「取引形態(セグメント)別」あるいは「全社ベース」の利益率の情報を使用し

て適用されます。

　これは、第三者企業の内部的な価格の情報が入手できなくても、公表されている財務情報のデータベースから独立企業間価格の算出が可能であることを意味します。

　さらに、基本三法では、直接「価格」による比較ができない場合には（売上－原価である）「売上総利益」ベースでの比較を行うのに対して、TNMMでは「営業利益」レベルでの比較を行います。

　一般的に、機能やリスクの多寡は販売費および一般管理費（販管費）の差として反映される（機能やリスクが高ければその分販管費が多くなる）ため、営業利益の段階ではより収斂（しゅうれん）しているはずです。TNMMでは、機能とリスクの差異は販管費により調整されるため、差異調整のための情報の必要性も低いと考えられています。

　また、独立価格比準法（CUP法）から原価基準法（CP法）・再販売価格基準法（RP法）、TNMMとなっていくにつれて、製品やサービス自体の差異は重要性が低下して、営業利益のレベルではむしろ事業上の機能・リスクが似ていることが重要だとされています。

　これらは必ずしも厳密に証明された事柄ではありませんが、過去の経緯等も踏まえて、移転価格の世界では、多くのケースでこのように考えられており、他の手法との比較において、TNMMの使用には当局・納税者の双方から相対的なメリットが認められているように思われます。

新宿みなみぐち通信

◎ 取引単位（transactional）じゃない…

● TNMM が現在のように普及するまでには、米国の CPM（利益批准法）と呼ばれる手法をめぐる歴史的な経緯がありました。

　当時の時系列は次のようなものになります。

1979 年　OECD　移転価格ガイドライン（旧 TPG）公表

1986 年　日本が移転価格税制を導入

1990 年頃～　米国が利益比準法（CPM: Comparable Profit Method）を多用して課税
　　　　　　　OECD（主に第 6 作業部会）において、米国とその他の国の間で論争

1995 年　OECD　移転価格ガイドライン（新 TPG）で「取引単位利益法」※を認める。
　　　　　　　　　※ TNMM 及び 取引単位利益分割法

2004 年　日本が TNMM を正式に導入

● 米国の CPM は TNMM と類似した手法ですが、名前のとおりもっぱら企業単位で営業利益率の検証を行うものです。

　この背景には、①事業内容や機能・リスクが類似する企業の営業利益率は長期的には収斂するはず、②独立企業であれば利益率が極端に低い企業はいつまでも存続できないはず、といった米国のマクロ経済学的な考えがあり、米国による自国企業への課税に反発

して従来の価格あるいは売上総利益レベルでの厳格な比較可能性を求めたわが国などと激しく対立しました。

他方で、わが国等にも、従来の手法を使用するためには、同業者等から入手したが（守秘義務のために）課税される企業には開示できない比較情報（「シークレット・コンパラブル」と呼ばれます）を用いなければならないといった問題や、事前確認や相互協議において自国企業のために米国との妥協点を探らなければならないといった事情がありました。

● こうした経緯を経て、「取引単位」で「営業利益率」による比較を認める TNMM が、1995 年に OECD 移転価格ガイドラインで認められたのです。

● TNMM が標準的な手法として認められて以降、課税当局や、特に APA を利用する納税者からその使いやすさが評価され、現在では企業単位や事業活動の大きな区分（セグメント）単位で比較する実務も含めて、世界中に普及しています。

こうして、TNMM の名称の「取引単位（Transactional）」の部分は、実態的には当時の**各国間の論争の名残り**となっています。

10 利益指標の選択

わが社が TNMM を用いる場合、
利益指標は何を使用したらよいでしょうか?

A

☞ TNMM の利益指標には、

1. 売上高営業利益率
2. 総費用営業利益率
3. 営業費用※売上総利益率 (ベリー比)

があり、その法人および関連会社の業態、国外関連取引が売手か買手か、また、その取引の内容を踏まえて決定されます。

☞ 検証作業は機能やリスクがより単純な側が対象となりますが、**「買手の再販売会社」**であれば主に1.(売上高営業利益率) が、**「売手の製造販売会社や役務受託 (研究開発) 会社」**であれば主に2.(総費用営業利益率) が、**「仲介業者、単純な役務提供会社、在庫リスクのない再販売会社」** などであれば3.(ベリー比) が考えられます。

※ TNMM における利益指標では、慣例として「販売費および一般管理費」に代えて「営業費用」の用語が多く使われます。

■ 解説

取引単位営業利益法 (TNMM) を適用する場合に用いられる利益指標 (Profit Level Indicator : PLI) には、

売上高営業利益率、総費用営業利益率及び**営業費用売上総利益率**

の三つがあります。

これらの利益指標は、それぞれ次のような場合に適切な方法とされていますので、自社の状況に当てはめて決定することになります。

1. **売上高営業利益率** $\left[\dfrac{営業利益}{売上高}\right]$ (措令第 39 条の 12 ⑧二)

国外関連取引に係る棚卸資産等の買手 (購入者側) が果たした機能の価値が、売上との間に関係があると認められる場合 (例えば、再販売会社を検証する場合など)。

2. 総費用営業利益率 $\left[\dfrac{\text{営業利益}}{\text{総費用}}\right]$ （措令第 39 条の 12 ⑧三）

　国外関連取引に係る棚卸資産等の売手（販売者側）が、営業費用に反映されない機能（製造機能等）を有していると認められる場合（例えば、製造販売会社や研究開発の役務受託会社を検証する場合など）。

3. 営業費用売上総利益率 $\left[\dfrac{\text{売上総利益}}{\text{営業費用}}=\text{ベリー比}\right]$ （措令第 39 条の 12 ⑧四・五）

　国外関連取引に係る棚卸資産等の買手（購入者側）または売手（販売者側）が果たした機能の価値が、①販促活動・独自の販売網作成などの営業費用に現れており、②売上（価格）との間に強い関係がなく、③製造機能のようにベリー比以外の指標で適切に算定すべき機能を有していないと認められる場合（例えば、仲介業者や単純な役務提供業者、在庫リスクのない再販売会社を検証する場合など）。

新宿みなみぐち通信

◎ 利益指標の選定

● 利益指標の選定は、検証対象者の機能・リスクが最も反映される指標を用いることになるのですが、前記の説明の他に以下のような基本的な考え方に基づいています。

● わが国の税法では、利益水準指標の分母になる金額は、第三者との間で決定された独立企業間価格でなければなりません（実務上はこのルールが守られていない例も見受けられます）。

　売上高営業利益率が買主側、総費用営業利益率が売主側でしか使用できないのはこのためです。

● 総費用営業利益率について、OECD 移転価格ガイドラインでは、「原価ベースの指標を使用するのは、原価が、検証対象者が果たす機能、使用した資産及び引き受けたリスクの価値についての適切な指標である場合に限るべきである」とされています。このため結果として適切であるケースは、主として役務提供会社などになります。

● 営業費用売上総利益率（ベリー比）についても、OECD 移転価格ガイドラインではベリー比が適用されるケースは限定的であるとされています。

　ただし、関連者から仕入れて関連者に販売するような仲介業者（販売・仕入の両方が関連取引である場合）については、実質的にベリー比以外の指標は使用することができません。

Q 11 移転価格税制と国外関連者寄付金による課税はどこが違いますか？

A

☞ 国外関連者との間の取引であっても、対価を伴わない金銭その他の資産の贈与や債務免除などについては、移転価格税制ではなく国外関連者寄付金の対象とされています。

☞ 国外関連者寄付金とされた場合、その全額が損金不算入となり、相互協議手続による国際的二重課税の解消も期待できないことになります。

■ 解説

　国外関連者との間の取引であっても、それが国外関連者に対する「国外関連者寄付金」に該当する場合には、その全額が損金不算入とされます※1。

　国外関連者寄付金と移転価格課税の違いを具体的に説明した明文はありませんが、国外関連者との間で法人税法37条7項で規定される「寄付金※2」を支出した場合には、国外関連者寄付金として取り扱われることになります※3。

　なお、対価を全く収受しない金銭その他の資産の贈与や債務免除だけでなく、対価を一部収受しているものでも寄付金と認定される場合があります※4。

　一方、海外子会社を整理・再建する場合の合理的な損失負担等は損金算入できることになります※5。

　移転価格税制と国外関連者寄付金による課税の違いは、主に以下の二つであると考えられます。

　第一に、制度上、国外関連者寄付金による課税の場合、基本的に相互協議の対象にならないと考えられているため※6、移転価格課税のように相互協議によって国際的二重課税を解消することが難しいことです。したがって、争う場合には、国内の争訟手続

のみによることになります。

　第二に、法令で「独立企業間価格」の算定方法が厳格に定められている移転価格税制による課税は、税制の専門性や複雑性のために、企業にとっても課税当局にとっても、実態上、寄付金による課税よりも、かなり「煩雑な」ものになっていることです。

※1 措法66条の4第3項。移転価格課税は同条の第1項

※2 経済的利益の「贈与又は無償の供与」になります

※3 移転価格事務運営要領3-20参照

※4 法人税法37条8項、移転価格事務運営要領3-20ロ・ハ

※5 法人税基本通達9-4-1, 9-4-2

※6 全て相互協議の対象とすべき、一部対価を収受している場合には相互協議の対象とすべきといった考え方
　　も存在します

■移転価格事務運営要領　3-20（国外関連者に対する寄附金）

　調査において、次に掲げるような事実が認められた場合には、措置法第66条の4第3項の規定の適用があることに留意する。

イ．法人が国外関連者に対して資産の販売、金銭の貸付け、役務の提供その他の取引（以下「資産の販売等」という。）を行い、かつ、当該資産の販売等に係る収益の計上を行っていない場合において、当該資産の販売等が金銭その他の資産又は経済的な利益の贈与又は無償の供与に該当するとき

ロ．法人が国外関連者から資産の販売等に係る対価の支払を受ける場合において、当該法人が当該国外関連者から支払を受けるべき金額のうち当該国外関連者に実質的に資産の贈与又は経済的な利益の無償の供与をしたと認められる金額があるとき

ハ．法人が国外関連者に資産の販売等に係る対価の支払を行う場合において、当該法人が当該国外関連者に支払う金額のうち当該国外関連者に金銭その他の資産又は経済的な利益の贈与又は無償の供与をしたと認められる金額があるとき

(注) 法人が国外関連者に対して財政上の支援等を行う目的で国外関連取引に係る取引価格の設定、変更等を行っている場合において、当該支援等に基本通達9-4-2の相当な理由があるときは、措置法第66条の4第3項の規定の適用がないことに留意する。

■法人税法第37条

第7項　前各項に規定する寄附金の額は、寄附金、拠出金、見舞金その他いずれの名義をもってするかを問わず、内国法人が金銭その他の資産又は経済的な利益の贈与又は無償の供与 (広告宣伝及び見本品の費用その他これらに類する費用並びに交際費、接待費及び福利厚生費とされるべきものを除く。次項において同じ。) をした場合における当該金銭の額若しくは金銭以外の資産のその贈与の時における価額又は当該経済的な利益のその供与の時における価額によるものとする。

第8項　内国法人が資産の譲渡又は経済的な利益の供与をした場合において、その譲渡又は供与の対価の額が当該資産のその譲渡の時における価額又は当該経済的な利益のその供与の時における価額に比して低いときは、当該対価の額と当該価額との差額のうち実質的に贈与又は無償の供与をしたと認められる金額は、前項の寄附金の額に含まれるものとする。

Q 12 海外子会社に貸付を行う際に、移転価格税制の観点から気をつけるべき点を教えてください

A

☞ 金利を設定する際に、チェックすべきルールと適用の順番があります。

☞ 契約書を整備・作成しておく必要があります。

■ 解説

　海外子会社に対する貸付金について、移転価格税制（及び寄付金課税）の観点からのポイントは二つあります。

　まず一つ目は、貸付金利です。

　税務調査において、海外貸付金に係る金利については、下記三つの手法に基づいて貸付利率の適正性がチェックされます。

　次に挙げる順番がそのまま優先順位となります※。

1. 借り手（海外子会社）が現地の金融機関から同条件（通貨、取引時期、期間等。以下同じ）で借りるときの利率
2. 貸し手（日本親会社）が金融機関から同条件で借りるときの利率
3. 通貨、取引時期、期間などが同様の状況の下で、国債などにより運用するとした場合に得られる利率

　一般的に、現地通貨での調達は国内で円建で調達するより高い利率になりやすく、結果として通常よりも低い利率での貸付となっている場合には、移転価格上の観点からの課税リスクが高くなるため、注意が必要です。

　二つ目のポイントとしては、契約書です。

　金銭を貸し付ける際には、必ず「**金銭消費貸借契約書**」を締結しておくことが必要です。この契約書の中でも、特に注意すべきポイントは、貸付通貨、貸付期間および利率の設定です。

　一般的な事例としては、契約書の記載内容が不十分であったために、異なる通貨に基づく金利水準による課税や、契約書の不備が原因で利息支払いを怠っていた場合の認定課税のリスクがあります。

　金銭消費貸借契約書の作成については、独立した第三者間で締結するものと同じ内容となることが望ましいといえます。

※移転価格事務運営要領 3-8

第三章

移転価格税制の
サイクル

13 わが社は文書化義務の対象になりますか？ 特に ローカルファイルを作成する義務がありますか？

A

☞ **各文書を作成する義務が生じるのは以下の場合です（Q5 も参照してください）。**

☞ **ただし、国外関連者を有する法人は、実質的に全ての場合にローカルファイルと同様の準備を行っておくことが必要となっています。**

■ 解説

Q5 のとおり、平成 28 年度税制改正により、移転価格税制における文書化制度が整備され、法人が国外関連者と国外関連取引を行っている場合には、次の文書および資料を作成し、保存することが義務付けられています。

1. 多国籍企業グループが作成する文書【親会社が作成】

▶事業概況報告事項（マスターファイル）

▶国別報告事項（CbC レポート）

▶最終親会社等届出事項

上記文書は、前事業年度の連結総収入金額が 1,000 億円以上の多国籍企業グループ（特定多国籍企業グループ）の構成会社等である法人が作成します※1

2. 国外関連取引を行った企業が作成する文書【親・子会社がそれぞれ作成】

▶ローカルファイル

この文書は、前事業年度における一の国外関連取者との取引金額が以下である法人が作成します※2

（1）国外関連取引の合計金額が 50 億円以上　または

（2）無形資産取引の合計金額が 3 億円以上

　このように、マスターファイル、国別報告事項、最終親会社等届出事項については、相当規模の収入金額を持つ企業グループのみが対象となっていますが、ローカルファイルについては、50億円、3億円といった一定の取引規模のある法人が広く文書化義務（Q5「同時文書化」参照）の対象となっています。

　また、国外関連者取引を有する法人は、税務調査を受け、税務職員に求められた場合には、**ローカルファイルに「相当する」資料**を、60日以内の税務職員が指定する日までに提示若しくは提出しなければならないこととされており※3、この結果、同時文書化義務が課されている法人との実質的な違いは、提示等までの期間が45日以内か60日以内かのみとなっていますので注意が必要です。

※1 措置法66条の4の4第4項3号

※2 措置法66条の4第7項

※3 措置法66条の4第14項、措置法規則22条の10第12項

Q

14 ローカルファイルを自社で作成できるようになるには何が大事でしょうか?

A

☞ ローカルファイルを自社で作成する場合においては、国外関連取引について、
　1. 機能及びリスクの把握と記述
　2. 独立企業間価格算定方法の選定
　3. 比較対象取引の把握とレンジの計算
　などを行うことになります。

☞ ローカルファイル作成の参考となる資料として、国税庁からローカルファイルのひな型が示されており、税務専門誌で自社作成を扱う記事等も掲載されています。

☞ 当初は専門家のアドバイスを得ることをお勧めします。

■ 解説

　ローカルファイルを作成する際には、検証対象とする国外関連取引について、

・その機能とリスクを把握し、正確に記述すること

・最も適切な独立企業間価格の算定方法を選定すること

・比較対象となる取引を把握し、その独立企業間価格（またはレンジ）を算出すること

などが必要になります。

　また、ローカルファイルに記載すべき項目は法定されており、多岐にわたっています（Q5参照）。

　ローカルファイルを自社で作成する際に最も基本となる資料としては、国税庁が公表している**「移転価格ガイドブック」**（2017年6月）

https://www.nta.go.jp/taxes/shiraberu/kokusai/itenkakakuzeisei/index.htm

が挙げられます。

　これは企業がローカルファイル等を作成する際の参考とするために、税務当局が作成・公表したもので、同ガイドブックの 80 ページ以下の「Ⅲ 同時文書化対応ガイド〜ローカルファイルの作成サンプル〜」では、ローカルファイルの記載例が「輸出企業」と「輸入企業」の二種類掲載されています。

　本書では、参考として、最も基本となる輸出企業に係るサンプル（同ガイドブック 82〜102 ページ）を文末に添付しています。

　また、税務専門誌の中にも、ローカルファイルの自社作成のための解説を試みた記事が見受けられます。

　ただし、これらの文献だけで税法の要請を踏まえた完璧なローカルファイルを完成することはなかなか容易ではありません。

　また、上記の作業の中でも、比較対象取引のデータの入手や、そうしたデータから独立企業間価格を算定する作業については、企業が一社のみで行うには相当の労力を要します。

　このため、少なくとも当初のうちは、当局または民間の専門家のアドバイスを求めることも有益と考えられます（Q20 を参照）。

15 事前確認制度
わが社は事前確認制度（APA）を利用すべきでしょうか？

A

☞ 移転価格課税を受けた場合の影響は大きく、日本では多くの企業が事前確認制度を利用しています。

☞ 課税を受けるリスクと、事前確認に伴う負担や要する期間との比較考量を行うことが必要です。

■ 解説

　前述（Q3）のとおり、わが国では、以前に移転価格課税を受けた、あるいは今後課税のリスクがあると考えられている企業によって、毎年 100 件以上の事前確認申請が行われています。

　一度移転価格課税を受けてしまうと、金額的なインパクトも大きく、二重課税の解消にも多大な労力を要しますので、あらかじめ課税を回避することには大きな意義があると考えられます。

　一方で、わが国の事前確認のほとんどは相互協議を伴うもの（「バイ」または「マルチ」の事前確認）となっており、これも前述（Q4）のとおり、確認を得るまでには相当の期間と労力・費用を要することになります。

　このため、
　　▶移転価格課税を受けるリスクの高さ
　　▶課税を受けた場合のインパクトの大きさ
　　▶事前確認に必要と予想される期間や費用
などを比較考量して決定されることが現実的です。

　その際には、関連者取引の規模、日本当局の移転価格調査に対するスタンス（状況はQ2のとおりです）、国外関連者の所在地国当局の移転価格課税に対するスタンス（事前確認、移転価格課税、相互協議の合意にそれぞれ積極的であるか）等が重要な要素になると考えられます。

Q

16 課税への対応（その1）
移転価格税制で課税されるリスクを減らすにはどうしたらよいでしょうか？

A

☞ 国外関連取引がある場合、規模の大小に関わらず事前の移転価格分析が必要となります（Q13 参照）。

☞ 海外子会社の利益率が高すぎるまたは低すぎる場合、課税されるリスクが高くなります。

☞ 調査は少額な取引にシフトしてきており（Q2 参照）、棚卸取引以外にも、国外関連者への①貸付金の金利や②サービスの対価にも注意が必要です。

■ 解説

移転価格税制による課税について、企業のリスクをまとめてみると以下のようになります。

◆更正をめぐるリスク

リスク	リスク内容
更正期間	移転価格課税の更正期間は**最長7年**
不確実性の増大	金額的なインパクトが**予測困難かつ時に巨額**となるため、経営に与える影響が大きい
事務負担・資金負担	調査およびその後の争訟が長期化するため、**事務負担・資金負担**が多大
コンプライアンス	**新聞報道等**による企業イメージの棄損など
税務調査	わが国当局および中国等の新興国による移転価格税務調査の**激化**

◆課税後に二重課税となるリスク

リスク	リスク内容
租税条約	**租税条約非締結国**との間は 二重課税解決が困難（相互協議が不可能）
新興国	東南アジアや東アジア等の**新興国**との間では 相互協議のルールが異なる
相互協議	**長期化・硬直化**しがち。 決裂の場合にも現地国では実質訴訟不可の場合も

　こうしたことから、まずは課税を受けるリスクを減らしておくことが最善の対応であると考えられます。

　近年、移転価格の税務調査の対象が拡大してきており（Q2）、中小企業においても、国外関連者との取引がある限り、いつ移転価格の調査が来ても困ることがないように、移転価格税制への対応を行っておく必要があります。

　国外関連者のある法人が申告書に添付することとされている、

法人税申告書別表 17(4)「国外関連者に関する明細書」

は、税務当局が移転価格上の問題が存在しないかどうかを検討する際に使用されるものであり、企業としても、税務当局と同じ目線でチェックしてみることが有効です。

　例えば、上段の**「国外関連者の名称等」**の欄では、

　　▶国外関連者の所在地国は低税率国（いわゆるタックスヘイブン）ではないか
　　▶国外関連者の利益率は同業他社と比べて高くないか

　下段の**「国外関連者との取引状況等」**の欄では、

　　▶「受取」・「支払」欄の金額が多額ではないか（文書化義務（Q13）が課される

金額と比べてどうか）

　　▶「算定方法」欄は空欄になっていないか（移転価格問題の検討を行っていない
　　と見られないか）

などとなります。

　移転価格問題は、国家間の税金の取り合いの一面があることから、その国に所在す
る会社の申告所得が少ない場合に、国外関連者への利益移転が疑われます。

　特に、取引単位営業利益法（TNMM）が標準化している今日では、国外関連者の利
益率が現地の同業者よりも高すぎる場合には日本による課税が、逆に低すぎる場合に
は国外関連者所在国の当局による課税が生じるリスクがあります。

　したがって、企業の経営者は、日頃から別表17(4) の内容、とりわけ「海外子会社（国
外関連者）の営業利益率が現地の同業者と比べて高すぎたり低すぎたりしないか」を
チェックしておく必要があると考えられます。

　最後に、移転価格調査件数の増加に伴い、

　▶国外関連者への貸付金の金利
　▶国外関連者への役務提供の対価

といった比較的簡易な事案で多くの課税が発生しています。

　このようなケースで、国外関連者から対価を収受していなかったり、または有利な
条件で供与しているような場合には、移転価格税制または国外関連者寄付金による課
税を受けることになります。

　できれば事前に国税庁の移転価格事務運営要領（**※国外関連者への貸付金利**につい
て 3-8（Q12 も参照）、**企業グループ内役務提供**について 3-9 から 3-11）などを参照して、
適切な対価を収受しておくことが必要です。

　自社で対応しきれない場合には、専門家の適切なサポートを受けられることをお勧
めします。

◆法人税申告書 別表 17（4）

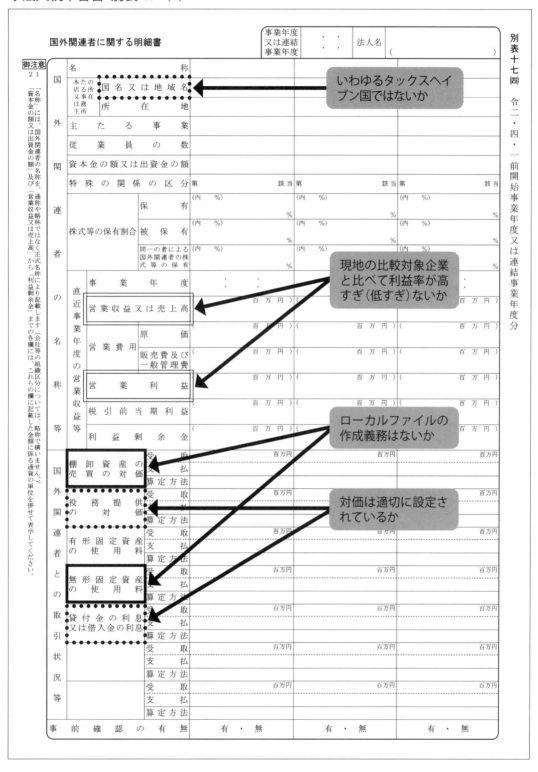

新宿みなみぐち通信

◎ 調査されるのはどこか！　当局の目のつけ方の解説

● 国税庁「移転価格ガイドブック」24 ページには、以下のような記述があります。

ロ. 移転価格調査に係る調査必要度の判定

　国税庁においては、申告状況、過去の調査情報、マスコミやその他の公開情報など様々な情報を活用し、例えば、

・ 内国法人が赤字又は低い利益水準となっていないか

・ 国外関連者の利益水準が高くなっていないか

・ 国外関連者への機能・リスクの移転などの取引形態を変更している一方、それに伴い適切な対価を授受していないことや、軽課税国の国外関連者に多額の利益剰余金が存在すること等により、国外関連者に所得が移転していると想定されないか

・ 国外関連者に所得を移転させるタックスプランニングが想定されないか

・ 過去に移転価格課税を受けているにもかかわらず、当事者の利益水準等に変化が見られないなどコンプライアンスに問題が想定されないか

・ 内国法人と複数の国外関連者間で連続した取引（連鎖取引）を行い、利益配分状況や国外関連者の機能などが申告書上では解明できず、確認を要さないか

といった観点を含め、納税者とその国外関連者の機能・リスクも勘案しつつ、多角的に検討を行い、移転価格調査に係る調査必要度を判定することとしています。

　今後は、移転価格文書化制度の整備に伴い、CbC レポート及びマスターファイルが新たに企業等から提供されることとなります。適切に移転価格調査を実施するため、これらの情報も、移転価格調査に係る調査必要度の判定に活用します。

● 移転価格事務運営要領でも（ガイドブックほどくだけていませんが）、① 3-1(調査の方針) で、類似取引の利益率等との比較を行うこと、② 3-2(調査に当たり配意する事項) で、レンジや複数年データの活用及び取引条件の決定過程を検討することなどが記されています。

Q 17 課税への対応（その2）

移転価格調査を受ける際に気をつけなければならないことはありますか？

A

☞ 移転価格調査には、
▶一般法人税調査の中での調査
▶移転価格問題を主とした調査
があり、後者の場合、専門的かつ長期間の調査となる可能性が大きくなります。

☞ ローカルファイルがあればそれに基づき、なければ早急に移転価格分析を行って、国外関連取引の実態、独立企業間価格の算定手法や比較対象企業の選定について、データに基づく具体的な主張を行います。

☞ 海外子会社の利益率が高すぎる場合には、子会社の機能やリスクが比較対象企業より大きいこと、移転価格以外の要因の影響などについて説明します。

☞ 課税が避けられない場合、課税金額を少なくする方策や修正申告を行うかどうかの検討が必要になります。

■ 解 説

移転価格調査には、大きく、

・一般の法人税調査の中で、移転価格の問題も調査される場合
・移転価格問題を主体に調査される場合

の二種類があります。

前者については、貸付金の金利やグループ内役務提供の対価といった比較的単純な内容である場合が多い反面、短期間での対応が必要となり、説明によっては寄付金に切り替えた処理も行われます。

税務署による移転価格調査の多くや、国税局による通常調査の中で、移転価格上の問題点が発見された場合などが該当します。

後者については、調査部所管法人で取引規模も大きい場合がほとんどです。移転価格調査は7年間遡及可能で、調査期間が1年を超える場合もあるなど、一般の法人税調査と異なる面があるため、しばしば調査予告の段階で当局から「移転価格と一般法人税調査の区分の同意」が求められます（国税通則法第7章の2（国税の調査）関係通達4-2 (4)）。ちなみに、この場合の同意は任意です。

調査の初期にローカルファイルの記載内容※1（Q5参照）について資料提出が求められますので、調査対応の局面でも事前にローカルファイルを準備しておくことが最も有効です。

事前に移転価格分析を行っていなかった場合には、法律上定められた資料等の提示・提出期間（同時文書化義務がある場合は45日、それ以外は60日以内の調査官が指定する日）を意識しつつ、また、国外関連者と連絡を取りつつ、提出する資料の内容についての迅速な検討が求められます。

なお、こうした提示期限が守られない場合には、推定課税の適用および同業者への調査が行われます※2。

会社の採用した①独立企業間価格の算定手法や②比較対象企業の選定について、会社と当局の意見が交換されますが、多くの事案では、利益率の高い海外の比較対象企業を選定しがちな会社サイドと、利益率の低い比較対象企業を選定しがちな当局との間で対立が生じます。

また、日本当局による調査では、多くの場合、外国子会社の利益率が高い理由として、外国子会社の機能および引受リスクが重要なものであると説明することになります。

したがって移転価格税制における機能とリスクの考え方をよく理解し、子会社の実態を踏まえれば高い利益率に問題はないことを、資料に基づいて説明できることが重要です。

一例としては、外国子会社が持つ無形資産（商標権、製造特許、独自の販売手法など）が収益の源泉となっているといった主張が考えられます。

　なお、「子会社を支援する必要がある」等の説明は、移転価格の観点ではないことに加えて寄付金課税につながりかねないため注意が必要です。

　通常、最終的な修正申告の慫慂（しょうよう）や更正処分に至る前に、当局から「中間意見書」が出され、企業において検討することになります。また、課税が行われない場合にも税務当局から説明が行われます。

　税務当局の納得を得ることが難しく課税が避けられない場合には、課税金額を最小化する方策や、課税後にとるべき手続の検討なども、調査の過程で同時に行う必要があります。

　なお、修正申告に応じた場合には、原則としてその後の相互協議や国内の争訟手続が認められなくなりますので、留意が必要です。

※1 措法施行規則22条の10

※2 措置法66条の4第12、14、17及び18項

わが社は移転価格税制による課税を受けました。これからどうしたらよいでしょうか？

A

☞ 移転価格課税を受けた納税者には、大きく、
　▶相互協議
　▶国内の争訟手続（再調査の請求、審査請求、訴訟）
　という二つの選択肢があります。

☞ 一般的には、相互協議と国内争訟手続の両方を申立て、相互協議の間は国内手続を中断しておく例が多いと思われます。

☞ 課税された金額を国外関連者から返還を受けるか否かは、わが国では任意とされています。

☞ 相互協議を行っている間、担保を提供して納税の猶予を受けることも可能です。

■ 解説

　移転価格税制による課税が行われた場合、その性質上、必ず国際的な二重課税※1が発生しています。

　この国際的な二重課税を解消するためには、次の二つの方法があります。

1. 租税条約に基づく相互協議を申請して、日本または相手国当局のいずれかから課税所得の減額（→税金の還付）を求める方法

2. 国内における救済手段である、不服審査の請求や税務訴訟などによって、日本当局による課税の取消しを求める方法

　一般的には、二重課税を受け入れる場合を除くと、相互協議と国内争訟手続の両方を申し立てておき、相互協議が行われている間は国内手続を中断し、相互協議が合意に至らなかった場合に国内手続を再開する場合が多いと思われます。

　これは、相互協議が合意に達した場合には、日本と相手国を合わせて二重課税が完全に解消されますが、国内の争訟手続では全額取消しの形で納税者が勝訴しない限り二重課税が完全に解消されず、また、その可能性は高くないと考えられてきたことによります。

　また、課税金額がさほど大きくない場合には、相互協議に伴う負担を避けて（次問Q19参照）、二重課税を受け入れる（国外関連者寄付金による課税と同じ結果になります）か、日本国内における争訟のみを行う例も見受けられます。

　わが国では、国外関連者から返還されるか否かを問わず、課税金額は利益の社外流出として取り扱われます。課税額に相当する金額の返還を受けるかどうかは納税者の任意であり、返還が行われた場合には、相当の期間内に返還を受けるべきことを記載した書面を税務当局に提出すれば益金の額に算入されません。

　また、相互協議を申請した場合には、担保を提供することにより、税額を納めることなく相互協議を継続することができる制度があります※2。

※1 法人格が異なる関連者間で生じる二重課税であるため「経済的二重課税」と呼ばれます

※2 租税特別措置法66条の4の2第1項《国外関連者との取引に係る課税の特例に係る納税の猶予》

新宿みなみぐち通信

◎ 移転価格をめぐる税務訴訟　～全額取消しも（ときには）あります！

● これまで税務訴訟では全額取消しとなる事案が少なく、移転価格税制に関する訴訟についてはその数自体も少ない状況にありました。

　しかし、近年ではこの傾向に大きな変化があり、移転価格税制に基づく課税が全額取消しとなった事案も出てきています。

● 最も有名なものを二つ挙げると、①アドビ事件（平成 20 年 10 月 30 日東京高裁判決）と②本田技研工業事件（平成 27 年 5 月 13 日東京高裁判決）になります。

　概要だけを説明しますと、アドビ事件は、再販売価格基準法に準ずる方法による課税について、本件の役務提供取引と比較対象企業の仕入販売取引には機能とリスクに違いがあるとしたものです。

　また、本田技研工業事件は、残余利益分割法による課税について、ブラジル市場の優遇税制の影響を差異調整しない課税は認められないとしたものです。

　どちらも高裁で確定しています。

Q 19 相互協議

わが社は相互協議（MAP）を申請すべきでしょうか？

A

☞ 移転価格課税を受けた場合には、相互協議（MAP）が重要な選択肢になります。

☞ 相互協議を伴う事前確認については、課税を受けるリスクの把握と評価が重要です（Q3・Q4 参照）。

☞ 判断の要素として、
　▶相互協議に伴う負担
　▶国内救済の見込み
　▶相手国との協議の進展・進捗状況（合意に要する期間等）
　などがあります。

■ 解説

　移転価格税制に関係する相互協議には、大きく以下の二つの流れがあります。

　第一に、ある法人（またはその法人の国外関連者）が、移転価格税制による追徴課税を受けてしまった場合に、発生した国際的二重課税を解消するために行われるもので、国税庁相互協議室の発表資料（Q4）では「移転価格課税」と分類されているものです。

　第二に、まだ課税されていませんが今後課税されるリスクがある（あるいは過去に課税されたことがある）ために、あらかじめ、わが国と外国当局の両方から、適切な価格であることの確認を受けるために行われるもので、相互協議室の発表資料では「事前確認」と分類されているものです。

　ある法人が日本または外国の当局から課税されてしまい、第一のケースに該当した場合には、その企業が取り得る選択肢のうちで相互協議は大きなウェイトを占めます（前

問 Q18 参照）。

　この場合、①相互協議に伴う負担が（二重課税を受け入れることとの比較で）大きいと思われるとき、②国内の救済手続によって解決できる見込みが高いとき、を除いて相互協議を申請することになります。

　ただし、本書でご紹介した各統計を比較すると、移転価格の調査件数（年間 200 件程度（Q2））に対して「移転価格課税」に関する相互協議の申請件数はさほど多くない（PE 事案等を合わせても年間 50 件程度（Q4））ため、相互協議を申請されているのはある程度以上の金額の課税事案になっているようです。

　第二の「相互協議を伴う事前確認」を申請するか否かの判断については、企業がわが国（または外国当局）から、今後移転価格課税を受けるリスクを把握・検討して、そのリスクと相互協議に伴う負担等を比較考量することが重要になります（Q15 参照）。

　この場合には、

　▶課税を受けるリスクの大きさ

　▶相互協議に伴う時間的、労力的な負担

　▶わが国と相手国との相互協議の進展・進捗の状況（特に合意までに見込まれる期間）などを踏まえて決定されることになります。

新宿みなみぐち通信

◎ 黎明期の仁義なき戦い!

● 1980 年代からバブルの崩壊まで、わが国企業の海外進出は絶好調で（「Japan As No.1」などと言われていました）、主要な進出先であった米国の当局から、巨額の移転価格課税を連発されていました。

● 当時の新聞記事を拾ってみると…現在との物価や為替の水準差を考えるまでもなく、非常に激しいものがあります（あくまで報道ベースであることにご留意ください）。

　その後各国が移転価格税制を導入した結果、今は米国企業が新興国を含む世界中の国々から課税されていますが…。

1978　米国、トヨタ・日産・ホンダに対し税務調査を開始

1984　米国、松下電器産業に対し税務調査を開始。100 億円の追徴請求

1985　米国、トヨタ・日産自動車に 2,500 億円の追徴請求

1987　米国、トヨタ・日産自動車に対する課税を 800 億円に減額（日米合意）。日本側で法人税を還付

1990　米国、日立製作所・東芝・松下電器に対して 500 億円の追徴請求

1993　米国 IRS による 1993 年 9 月〜 12 月期の移転価格調査のうち件数の 1/3 以上、投下時間の 1/2 以上が対日系企業

● わが国の移転価格税制の導入（1986 年）や、その後の事前確認の急速な普及の背景には、このような当時の状況も大きく影響していたように思われます。

20 移転価格税制について相談したいときは、どこに連絡したらよいでしょうか?

A

☞ 国税庁では、ローカルファイルの作成及び事前確認について個別照会の窓口を指定しています。

☞ 辻・本郷 税理士法人では、移転価格税制に精通した専門チームにより、ご相談に丁寧かつ迅速にお応えしています。

■ 解説

　移転価格税制は、専門的・技術的で、しばしば "More Art Than Science" とも言われる分野です。多くの方は非常に取っつきにくく、面倒な印象を持たれるのではないでしょうか。本書を読まれても疑問の全ては解決されないかも知れません。

　そのような場合、多くの企業が税務当局または民間の専門家に相談されています。

1. 当局への相談については、国税庁は以下のアドレスで、移転価格に関する相談窓口を指定・公表しており、ローカルファイルの作成や事前確認についての相談に対応するとしています。

①ローカルファイルの作成について

https://www.nta.go.jp/publication/pamph/pdf/h29iten-kakakubunsyoka.pdf

②事前確認について

https://www.nta.go.jp/taxes/shiraberu/sodan/kobetsu/itenkakakuzeisei/03.htm

　これらについての国税庁の窓口をまとめると次のとおりです。

■国税庁の照会窓口

【調査課所管法人である場合】

▶東京国税局、大阪国税局：

　調査第一部国際調査管理課（ローカルファイルについて）

　調査第一部事前確認審査課（事前確認について）

▶名古屋国税局：

　調査部国際調査管理課

▶関東信越国税局：

　調査査察部国際調査課

▶札幌、仙台、金沢、広島、高松、福岡、熊本の各国税局：

　調査査察部調査管理課

▶沖縄国税事務所：

　調査課

【調査課所管法人以外の法人である場合】

▶札幌、仙台、関東信越、東京、名古屋、大阪、広島、福岡の各国税局：

　課税第二部法人課税課

▶金沢、高松、熊本の各国税局：

　課税部法人課税課

▶沖縄国税事務所：

　法人課税課

2．民間の専門家へのご相談についても、有効と考えられます。

　辻・本郷 税理士法人では、専門チームにより、丁寧にお客様の現状及び問題点を把握し、さらなる発展に寄与するご提案を行っております。ぜひ下記までご連絡ください。

辻・本郷 税理士法人　法人ソリューショングループ　国際部　移転価格担当

TEL　03-5323-3301（代表）　FAX　03-5323-3302

URL　https://www.ht-tax.or.jp

新宿みなみぐち通信

◎ 移転価格税制の rise and fall

● IRS による米国進出企業への課税が続き、わが国も移転価格税制を導入した 1980 年代から、2000 年代くらいまでは、国際課税における中心は圧倒的に移転価格の問題でした。

● 今日では、先進国における大型の租税回避スキームは、主に組織再編規定やハイブリッドの事業体・取引を用いたものとなっており、当局側が課税に用いる手法も、移転価格税制から、外国子会社合算税制や包括的な租税回避否認規定（GARR）、あるいは租税回避防止のために新規につくられた規定などが多くなっています。

● 移転価格税制の背骨である独立企業間原則についても、近年、①（どうせ比較対象企業は見つからないのだから）納税者・当局の双方に面倒な手法よりも割り切って定式（Formula）で配分したらよい、②取引の数年後に無形資産から巨額の利益が生じた場合に対応できない、などといった強い挑戦を受けています。

● 平たく言うと、移転価格税制は、理念的には国際課税の領域で長く務めてきた主役の座から徐々に降りようとしているようにも見えます。

● 他方で、移転価格税制は、この期間に本当に世界中の国々・地域に広まりました。

● 移転価格税制は、制度として非常に精緻で複雑ですが、調査等の現場で行われていることには（誤解を恐れずにいえば）ややアバウトな面もあり、ほとんどの新興国が移転価格税制を導入して、この強力で融通の利く武器を手にした現在は、この税制に対する基本的な理解がさらに不可欠になった時代であると言えるかも知れません。

● いずれにしても移転価格の問題は、今後もわが国の海外進出企業にとって避けて通れないリスクであり続けると思われます。

　なお、本書のご説明は分かりやすさを重視したものであり、また、各論点については異なる意見や評価もあり得ることを、あらためてお断りいたします。

　この小冊子が少しでも皆様の企業における対応の助けになれば、執筆者一同にとって望外の喜びです。

参考資料：「ローカルファイル」サンプル1

国税庁『移転価格ガイドブック』（https://www.nta.go.jp/taxes/shiraberu/kokusai/itenkakakuzeisei/pdf/ikkatsu.pdf）より抜粋

「 ロ ー カ ル フ ァ イ ル 」 サ ン プ ル 1
～当社とＡ社との国外関連取引に係るローカルファイル～
（自 2017 年 4 月 1 日至 2018 年 3 月 31 日事業年度）

《 目　　次 》

※ （注）規則第 22 条の 10 第 1 項は現在の同条第 6 項に該当します。

《 添 付 資 料 　 目 次 》

1　当社及びグループの概要

　　当社は、○年に日本で設立された東証一部に上場している法人で、当社グループは、自動車、ＡＶ機器やパソコンなどのデジタル家電、冷蔵庫などの白物家電などといった様々な工業製品に組み込む電子部品の製造販売等を行っています。2018年3月期における連結グループ売上高は○○億円（当社単体ベース○○億円、アジア地域○○億円、欧州地域○○億円）で、全世界に○社の子会社（日本○社、アジア地域○社、欧州地域○社）があり、グループ全体での従業員は、○人（日本○人、アジア地域○人、欧州地域○人）です。

　　当社グループにおける主要な製品及び当該製品に係る主要な製造会社は下表のとおりです。

区分	主要な製品	主要な製造会社
自動車向け	製品Ｘ	日本：当社、○社 海外：Ａ社 （会社数　計○社）
デジタル家電向け	製品Ｙ	日本：当社、△社 海外：△△社 （会社数　計○社）
白物家電向け	製品Ｚ	日本：当社、□社 海外：□□社 （会社数　計○社）
その他	製品Ｑ	日本：当社 海外：××社 （会社数　計○社）

　　セグメント（地域別）の概要は次のとおりです。

〔**日本**〕

　　日本においては、当社が電子部品の製造販売を行うほか、当社子会社は当社から原材料の支給を受けて製造し、その全てを当社が購入して取引先に販売しています。当社の主力製品は製品Ｘで、自動車部品用に特化した製品になります（当社のシェアは国内○％、全世界○％）。

　　また、製品の設計や製造技術の研究については、当社の○○研究所（○県○市）が中心となって行っています。

〔**アジア地域**〕

　　アジア地域においては、Ａ国のＡ社に対して、当社から原材料の大半を支給し、現地の自動車メーカー向けに製品Ｘの製造販売を行っています。また、Ａ社が製造した製品Ｘのうち一部を、隣国のＢ国にあるＢ社へ販売しています。

〔**欧州地域**〕

　　欧州においては、主にデジタル家電や白物家電向けの電子部品の製造販売を行っています。

　　　添付資料1　グループの資本関係図
　　　添付資料2　当社の会社案内
　　　添付資料3　当社の有価証券報告書【企業情報】【事業の内容】
　　　添付資料4　当社の組織図

2 国外関連者の概要

　A国に所在する国外関連者A社は、当社の取引先である自動車メーカー甲社のA国への進出を機に、○年に設立した、当社が100%直接出資する子会社になります。2017年12月期におけるA社の売上高は○○億円で、従業員数は○人となります。

　A社では、当社から購入した金型、機械設備及び原材料を使用し、当社から製造技術等の提供を受けて主力製品である製品Xを製造し、甲社をはじめとする自動車メーカーや自動車部品供給業者（第三者）へ販売しています。

　また、A社は、製造した製品Xの一部を隣国のB国に所在する国外関連者B社に販売しています。これは、B国内で流通している自動車のアフターマーケット用の製品であり、B社及びその取引先である代理店（第三者）を通じて、エンドユーザーに販売されています。

　　　添付資料5　当社とA社、B社の資本関係を示す図（添付資料1参照）
　　　添付資料6　A社の組織図

3 国外関連取引の詳細

⑴ 国外関連取引の概要

　当社がA社と行う国外関連取引は、次のとおりです。

　イ　A社に対し製品Xの製造で使用する金型及び機械設備を輸出する取引

　ロ　A社に対し製品Xの原材料を輸出する取引

　ハ　A社に対し製品Xを製造するための製造技術や商標等の無形資産を使用させる取引

　ニ　A社に対して行う機械設備の据付け、機械設備の操作の技術指導、その他従業員へのトレーニング等の役務提供取引

　　　添付資料7　各国外関連取引の取引図

⑵ 各国外関連取引に係る契約関係

　当社とA社の間の国外関連取引に関する契約は、以下のとおりです。また、各契約は5年毎に自動更新され、当事業年度（2018年3月期）に適用される各契約は全て、2017年4月1日に更新されています。

　　　添付資料8　当社とA社の間の契約書「金型及び機械設備販売契約」
　　　　　　　　　　　　　　　　　　　　　「原材料供給契約」
　　　　　　　　　　　　　　　　　　　　　「製造技術等及び商標権の使用許諾契約」

⑶ 各国外関連取引の内容と取引価格の設定について

　各国外関連取引の内容とそれぞれの取引価格の設定については、以下イ～ニのとおりとなり、A国以外に所在する製造子会社との国外関連取引についても、同様の設定を行っています。また、毎期末に各国外関連取引の取引価格が独立企業間価格となっていることの検証を行っていますが、A社との各国外関連取引がそれぞれ密接に関係していることを考慮し、個別の検証は行わず、全ての取引を一体として検証を行っています（詳しくは下記7で説明します。）。

　なお、2017年3月期における当社とA社の国外関連取引に係る利益配分状況は、営業利益ベースで○：○（当社：A社）でした。

イ　A社に対し製品Xの製造で使用する金型及び機械設備を輸出する取引

当社がA社に輸出する金型は、A社がA国内で製品Xを製造するために使用するもので、この金型の設計、製造を当社が行い、A社へ輸出しています。

また、A社に輸出する機械設備は、製造工程上の重要な部分を担う機械設備のため、当社の図面に基づいて国内の機械設備製造業者（第三者）に組み立てさせた機械設備を仕入れ、A社へ輸出しています。年間取引金額はそれぞれ、○億円、○億円（どちらも取引条件はＣＩＦ、取引通貨は日本円）です。

当社は、A社との間で「金型及び機械設備販売契約」を締結しており、これらの販売価格は、当社が要した費用（金型については製造費、機械設備については購入費）に○％のマークアップを行った価格とすることを、同契約の中で規定しています。

ロ　A社に対し製品Xの原材料を輸出する取引

A社に輸出する原材料については、製品の品質を左右する主要な原材料を含め大半の原材料を、当社が一括して調達し、そのうちの一部をA社へ輸出しています。年間取引金額は○億円（取引条件はＣＩＦ、取引通貨は日本円）です。

当社は、A社との間で「原材料供給契約」を締結しており、販売価格は、当社の購入価格に○％のマークアップを行った価格とすることを、同契約の中で規定しています。

ハ　A社に対し製品Xを製造するための製造技術や商標等の無形資産を使用させる取引

当社がA社に使用させている製造技術、ノウハウ、特許及び商標等の無形資産については、A社との間で「製造技術等及び商標権の使用許諾契約」を締結しています。同契約の対象となる無形資産は、以下のとおりです。

- ・　製造技術及びノウハウ：製品Xの製造や販売に関する技術上、商業上の情報、データその他の情報で、当社が所有しているもの
- ・　特許：製品Xに関する意匠権を含む特許権及び実用新案権について、当社が所有又は第三者が当社に使用許諾しているもの（出願中のものを含む）
- ・　商標：製品Xに関する商標権であり、当社が所有しているもの（出願中のものを含む）

これら無形資産の対価の額については、A社が製造販売する製品Xの売上高の○％をロイヤルティとしてA社から当社に支払われることが、契約の中で規定されています。年間取引金額は○億円（取引通貨は日本円）です。

ニ　A社に対して行う機械設備の据付け、機械設備の操作の技術指導、その他従業員へのトレーニング等の役務提供取引

当社は、ハの「製造技術等及び商標権の使用許諾契約」に基づき、A社工場の立上げ時や製造ラインの導入時に、当社から技術担当者を派遣し、技術指導、A社従業員へのトレーニング等の役務提供を行っています。これらの役務提供を行う際には、A社から支援依頼書が発行され、役務提供の対価として、技術担当者の派遣に要した旅費交通費等の実費に加えて、1日当たり○万円の日当がA社から当社に支払われています。年間取引金額は○億円（取引通貨は日本円）です。

⑷　**各国外関連取引に係る損益**

　　当社とＡ社の間の国外関連取引に関する各損益は、添付資料14のとおりです。また、各損益の円換算には、Ａ社の2017年12月期の期中平均TTMレートを使用しており、この為替レートは連結財務諸表を作成する際にも継続して用いています。

4　国外関連取引に係る当社とＡ社の機能及びリスク

⑴　**当社について**

イ　機能

（イ）　製造

　　当社は、国内にある3か所の工場で、製品Ｘの製造を行っています。特に、○工場については、○○研究所を同敷地内に併設しており、新技術を導入し量産化するまでの軌道に乗せるマザー工場の役割を果たしていますので、グループの中で重要な役割を果たしている工場であるといえます。○工場の技術支援の担当者は、国内での製品の製造に従事しているほか、製品Ｘの製造を行う国外関連者の技術指導、トレーニングも行っています。

（ロ）　調達

　　購買部では、原材料の調達を行っていますが、特に製品の質を左右する原材料や部品の調達先の選定に力を入れています。その他、海外で製造を行う国外関連者が使用する原材料や部品の調達先の選定も行っています。

　　製造管理部では、機械設備の組立の依頼先や調達先の選定を行っており、国外関連者が製造ラインに新しく機械設備を導入する際には、機械設備を熟知している製造管理部の担当者を、据付け、稼働チェックや操作の指導のために国外関連者へ派遣しています。

（ハ）　営業及び広告宣伝

　　当社における営業と販売については、営業統括部がグローバルな営業戦略の企画立案を行い、顧客の新車販売計画に関する情報の収集や顧客への新製品の紹介を行っています。また、

海外営業部では、日系顧客の海外進出計画や販売計画等に関する情報収集を行い、各国の国外関連者へ収集した情報を提供しています。

広告宣伝部では、グループ全体の広告宣伝の戦略を策定し、業界専門誌への掲載や展示会への参加などを積極的に行いながら、国外関連者が行う広告宣伝活動の管理も行っています。

(ニ) 研究開発

研究開発については、当社は大規模な研究施設を備えた〇〇研究所を〇県〇市に所有しており、そこでグループの研究開発業務を一括して行っています。同研究所にある研究開発部では、基礎研究、新製品の開発、製造技術の開発を行っていますが、製品Xは成熟した製品のため、近年は基礎研究よりも応用研究が中心となっており、製品Xに使用する素材の研究や製造技術の低コスト化が課題となっています。

また、同研究所には、新製品の企画や設計を担当する設計部があり、製品の金型の設計や製作を行うほか、製造工程上の重要な部分を担う機械設備の設計も行っています。当社の設計した図面に基づいて組み立てられる機械設備（組立は第三者）は、国内外の製造拠点で使用されています。なお、同研究所で設計した機械設備以外の機械設備については、すべて第三者から購入した機械設備になります。

ロ　リスク

当社は、研究開発、原材料等の価格変動、製造物責任・製品保証、為替変動に関するリスクを負っています。

添付資料16　当社の組織図に所属員数表、業務分掌表（又は規定）を追加したもの

添付資料17　国外関連取引に係る当社及びA社の機能に関する整理表

添付資料18　国外関連取引に係る当社及びA社のリスクに関する整理表

⑵　A社について

イ　機能

(イ) 製造

A社では、当社から購入した金型、機械設備及び原材料を使用し、当社から製造技術等の提供を受けて、製品Xを製造しています。A社の製造設備は、以前、当社が国内で稼働させていた製造ラインをA社の工場に移管したものです。現在、A社はA国内に2か所の工場を所有していますが、どちらも顧客である甲社のA国内の工場に近接した地域に建設しています。

A社の工場の増設等の設備投資については、当社の〇〇工場の製造部と海外事業部が検討し、当社が最終的に決定しています。

(ロ) 営業及び広告宣伝

営業と販売については、営業部が、顧客である現地の自動車メーカーへ新製品の紹介を行うほか、新車販売計画に関する情報の収集を行い、当社の関係部署へ情報をフィードバックしています。また、これまで取引のなかったA国内の自動車部品供給業者に製品を紹介することや、当社の広告宣伝部と協力して展示会を開催するなど、当社グループの製品の売り込みのために新規顧客の開拓に力を入れています。

製品の紹介に用いる商品のパンフレット等の資料及び展示会等の具体的な内容については当社の広告宣伝部の承認を受けています。

なお、A社は、B社に製品Xを販売していますが、特に営業は行わず、B社からの注文に応じて販売する形態となっています。

ロ　リスク

A社は、原材料等の価格変動、市場価格の変動、製造ラインの操業度、製品の在庫、信用、製造物責任・製品保証、為替変動に関するリスクを負っています。

添付資料17　国外関連取引に係る当社及びA社の機能に関する整理表

添付資料18　国外関連取引に係る当社及びA社のリスクに関する整理表

添付資料19　A社の組織図に所属員数表、業務分掌表（又は規定）を追加したもの

ハ　その他

上記イに記載したA社が果たす機能に係る費用についてはA社が全て負担しており、当社が負担している費用はありません。

(3)　無形資産の形成への貢献

当社は、日系自動車メーカーから高い評価を獲得しており、この評価が当社グループの利益の源泉のひとつになっていると考えています。

具体的には、当社グループは、日系自動車メーカーの部品供給業者として、安全性に必要不可欠な高い品質とともに、納期の信頼性が日系自動車メーカーに広く認知されており、これらが売上拡大に貢献してきたと自ら評価しています。これは、当社が、設立当初から日本における自動車部品業界で確固たる地位を築くために、多額の設備投資を繰り返し行い、品質の向上と安定供給に努めてきた成果であると考えています。また、日系自動車メーカーの海外進出に合わせて、進出先に自社工場を建設し、日系自動車メーカーの国内での生産活動と同様の効率的な製造工程の整備に協力しながら、均一で高品質な製品を安定して提供し続けてきたことも、日系自動車メーカーからの高評価の獲得に大きく貢献したものと考えています。

当社のこれらの活動は、上記3(3)ハで説明している無形資産と同様に、基本的な製造や販売等の活動だけでは生み出すことができない利益の発生に貢献する独自の機能を果たす一定の無形資産を形成したものと考えています。

添付資料20　当社の有価証券報告書【企業情報】【事業の情報】【研究開発活動】

添付資料21　国外関連取引において使用している無形資産に係る整理表

5　当社及びA社の事業方針等

(1)　当社の事業方針等

自動車部品業界の特徴として、高品質の製品を納期どおりに恒常的に納品することがメーカーから強く求められるということが挙げられますが、このようなメーカーからの要求に対して長年対応し続け、自動車メーカーの収益拡大に貢献してきたことが、当社が顧客から高評価を獲得してきた最大の理由と考えています。

当社が製造する製品Xは、その構造が比較的簡易なため、類似した製品を製造できる業者は自

動車部品業界にも多く存在しています。しかし、顧客から高評価を獲得するためには、単に製品を製造する能力だけではなく、高品質の製品を恒常的に納品できる製造能力や顧客の要望を適時に収集して設計の変更を行っていく開発能力（短期間の開発で高品質な製品を安定して提供できること）が非常に重要となっており、これらの点が当社の競争力の源泉となっています。

また、当社が、日系自動車メーカーとの間で信頼関係を築いてきたことも、当社の競争力をバックアップしてきた点であり、今後も引き続き顧客からの情報収集に励み、製造技術の向上や顧客のニーズに合わせた研究開発を行っていくことで、信頼関係をより強固なものにしていきたいと考えています。

⑵　A社の事業方針等

A社は、当社とその顧客である日系自動車メーカーとの信頼関係を背景に、A国内の日系自動車メーカー間での知名度は高いといえます。しかし、A国内にある日系以外の自動車メーカーにとっては、A社の知名度はまだ低いため、A国内にある大手自動車部品供給業者への納入実績を上げていくことで、日系以外の自動車メーカーに対する知名度の向上を図りたいと考えています。そのために、A社では、大手自動車部品供給業者で営業経験のある者を多く採用し、大手自動車部品供給業者への営業に力を入れています。これらの方針は前事業年度から掲げており、当事業年度の営業担当者の人員は1.5倍となっています。

A社の事業方針については、当社の海外事業部で方針の策定と決定が行われた後、具体的な活動計画をA社の営業担当が作成し、当社の海外事業部が承認を行っています。

このような事業方針を実行したことによって、販売費のうち人件費関連の費用が増加しましたが、事業方針の実行に伴う国外関連取引に係る対価の額や損益への影響額については、特に計算していません。

添付資料22　当社の事業方針等を検討した社内会議資料、議事録

6　市場等に関する分析

⑴　A国市場に関する分析

イ　A国の経済情勢の概況

A国は、2017年に国内総生産（GDP）の実質成長率が○％を記録するなど、世界的な不況からの回復が続いていると考えられますが、近年の回復傾向は不安定であると考えられます（GDPの実質成長率は、2015年が○％、2016年が○％）。

また、2017年第4四半期は、○国における災害や○国における景気後退など、A国経済にマイナス要因となる出来事が続いたため、A国内での設備投資や輸出が停滞しました。

ロ　A国内における主要な自動車メーカーの動向

自動車部品供給業者の業績は、顧客である自動車メーカーの業績の影響を強く受けますので、A国内の自動車メーカーについて、次のとおり分析しています。

自動車メーカーの業界は、世界的不況の影響を受けた業界といえますが、その中で、特にA国内の主要自動車メーカーは、売上高の減少や多額損失の計上など、大きな影響を受けたとい

えます。これらの影響は、現在では一定の改善を見せるまでに至っており、2017年におけるA国内の主要自動車メーカーの新車販売台数は、世界的不況の直前の水準の約〇%にあたる〇万台まで回復しています。

また、A国内の主要自動車メーカーにおける平均設備稼働率は、2009年に最低稼働率〇%を記録した後、回復傾向にあり、2017年では〇%を示しています。この平均設備稼働率の上昇は、新車の販売台数の上昇に繋がり、結果として主要自動車メーカーの収益性の回復に繋がっているといえます。

さらに、A国内の日系自動車メーカーにとっては、為替の大幅な変動も業績に大きな影響を与えたといえます。特に、2017年第1四半期における大幅な円安は、業績に大きなプラスの影響を与えており、今後、日系自動車メーカーがA国に拠点を設立する方針にも影響があるのではないかと考えられます。

なお、日本では1つの潮流となっている、代替エネルギーを使った次世代型自動車の普及については、A国内では、それほど大きな潮流とはなっていないため、あくまでも長期的なトレンドであると認識しています。

主要自動車メーカーのA国内におけるシェア及び販売台数は以下のとおりです。

法人名	2017年A国内シェア	2017年販売台数	2016年A国内シェア	2016年販売台数
E社				
F社				
G社				

ハ　2017年における自動車部品供給業者の動向

自動車部品供給業者の業績が、自動車メーカーの業績と連動することについては、上記ロで説明しているところですが、顧客である主要自動車メーカーの業績が好調だったため、自動車部品供給業者の業績も、全般的に好調であったといえます。2017年の自動車部品供給業者業界の利益率は売上高総利益率約〇%、売上高営業利益率約〇%であり、市場規模は〇億ドルです。

A社と類似の主要自動車部品供給業者のA国内における売上高は次のとおりです。

法人名	2017年売上高	2016年売上高	売上高増加率	主な製品
H社				
I社				
J社				

添付資料23　市場分析レポート（〇出版）

(2)　その他の分析

A国における地理的に特有な事情、許認可、政府の政策が、各国外関連取引の損益等に与える影響は、次の点を除いて他にありません。

イ　A社が適用している優遇税制

(ｲ)　優遇税制の具体的内容

　　　　・・・・・・

(ﾛ)　優遇を受けるための要件及びＡ国の根拠法令

　　　　・・・・・・

(ﾊ)　各年度においてＡ社が受けた租税の減免額等

年度	○年度	
内容	税目	減免額等

(ﾆ)　Ａ社の営業利益に与える影響

　　　当優遇税制が営業利益に与える影響は軽微であると判断しています。

ロ　為替の影響

　　添付資料24　当社の2017年度決算説明会資料「為替の影響」

7　独立企業間価格の算定方法等

(1)　独立企業間価格の算定方法

項　目	内　　容
1　選定された独立企業間価格の算定方法	取引単位営業利益法に準ずる方法と同等の方法 ・検証対象：Ａ社の製造販売取引に係る損益（Ａ社のＢ社への販売損益を除きます。Ａ社のＢ社への販売取引については別途検証しており、独立企業間価格で取引を行ったことを確認しています。詳細は次の8を参照してください。） ・検証する利益指標：売上高営業利益率
2　1が最も適切である理由等	金型、機械設備及び原材料の輸出取引、無形資産を使用させる取引、役務提供取引の各国外関連取引は、Ａ社の製品Ｘの製造販売事業に当たり一体として行われていますので、独立企業間価格についても、一の取引として算定することが合理的であると判断しました。 　独立企業間価格の算定方法を検討したところ、独立価格比準法、再販売価格基準法及び原価基準法については、Ａ社がＡ国内で第三者と同様の取引を行っておらず、また、公開データからも租税特別措置法に規定する比較可能な取引を把握できなったため、適用していません。 　利益分割法については、比較対象取引に係る所得の配分に関する割合及び対象となる国外関連取引に係る所得の発生に寄与した程度を推測するに足りる適切な要因について把握できなかったため、並びにこれらの各国外関連取引が、グローバルトレーディングや共同事業体における活動のように高度に統合されたものではなく、国外関連者の当事者のいずれか一方を検証対象とする算定方法よりも利益分割法の方

	が適合すると考えられる取引形態に該当しないため、適用していません。したがって、1の方法が最も適切であると判断しています。 　検証対象をA社とすることについては、A社は国外関連取引について製造販売機能を有していますが、当社が国外関連取引について果たす機能より単純であり、また、所得の源泉となる無形資産も保有していないため、比較対象取引を抽出することが容易であると考えられますので、A社としています。 　なお、取引単位営業利益法に準ずる方法と同等の方法を合理的な方法と判断した理由については、比較対象取引が複数あり、それら複数の取引に係る利益率の幅を用いて独立企業間価格を算定することが適切であると考えられたためです。
3　選定された独立企業間価格の算定方法を当該国外関連取引に適用した算定結果	取引単位営業利益法に準ずる方法と同等の方法に基づいて算出した比較対象取引に係る売上高営業利益率は〇%〜〇%の範囲（フルレンジ）となり、その平均値は〇%となります。A社の製造販売取引に係る2017年12月期の営業利益率〇%はその範囲内にありますので、各国外関連取引は独立企業間価格で行われたと考えます。なお、検証対象取引が〇であるのに対し、比較対象取引は〇であるという差異が売上高営業利益率に重大な影響を及ぼすと認められることから、差異調整を行っています。 添付資料25　検証対象損益（B社への販売損益を除くA社の損益） 　　　　　　　（添付資料14①参照） 添付資料26　検証結果 添付資料27　差異調整関連資料（差異調整の対象、差異の内容、その差異が売上高営業利益率に影響を及ぼすことが客観的に明らかであると判断する理由、具体的な差異の調整方法、使用した財務データを明示）
4　その他の項目	選定した算定方法を適用するに当たって、重要な前提条件となるような事業上又は経済上の条件はありません。

⑵　**比較対象取引の詳細**

項　目	内　　容
1　比較対象取引の選定に係る事項	⑴　比較対象取引候補の特定 　　次の方法で入手した企業を比較対象取引候補の母集団としています。 〔方法〕 　2018年3月時点における企業情報データベースである〇〇を用いて、業種分類コード（SICコード）を参考に、×××、×××、×××及び×××といった業種に属する企業 ⑵　比較対象取引の選定過程 　　選定に当たっては、定量基準及び定性基準に基づき、比較可能性のない法人を除外し、最終的に〇社を選定しています（分析時期は

		2018 年 3 月)。
		イ　定量基準
		①・・・・
		②・・・・
		③・・・・
		ロ　定性基準
		①・・・・
		②・・・・
		③・・・・
		添付資料 28　母集団の法人リスト（法人名、事業概況、検証指標の利益率等を明記）
		添付資料 29　当選定基準を設けた理由
		添付資料 30　選定除外法人リスト（法人名及び除外理由を明記）
2　選定された比較対象取引等の明細		(1)　選定された比較対象取引を行う法人数：○社
		(2)　検証に用いる利益率
		比較対象取引を行う○社の 2016 年の売上高営業利益率は○％〜○％の範囲（フルレンジ）となり、平均値は○％となります。この利益率の範囲を独立企業間価格として、Ａ社の製造販売取引に係る売上高営業利益率を検証しています。
		添付資料 31　比較対象取引を行う法人の概要資料
		（事業概要・取扱製品・機能等・市場・決算期・損益等）
		添付資料 32　国外関連取引と比較対象取引との比較可能性に関する検討資料
		添付資料 33　利益率の範囲の算定資料

8　Ａ社との国外関連取引に密接に関連する取引について

　上記２で記載していますが、Ｂ国に所在する当社の国外関連者であるＢ社は、Ｂ国内においてＡ社から輸入した製品Ｘを、そのままＢ国内の代理店へ販売し、最終的に自動車ユーザーへ販売する再販売取引を行っています。Ｂ社で扱う製品Ｘは、アフターマーケット用としてＢ国内の自動車ユーザーが修理等の際に使用するためのもので、現地の自動車メーカーや自動車部品供給業者へ販売されることはありません。Ｂ社の2017年12月期における売上高は○億円（うち製品Ｘに係る売上高は○億円）で、従業員数は○人となります。

　Ｂ社は、Ａ社と「製品販売契約」を締結していますが、取引価格については、同契約の中で、Ｂ国内の代理店への販売価格から考えてＢ社の売上高営業利益率が○％となるように設定することとしています。

　なお、Ｂ社がＡ社から購入する製品Ｘの取引価格には製品Ｘに係る無形資産のロイヤルティが含まれています。

　このＡ社とＢ社の間の取引は、Ａ社から輸入した製品Ｘに係るＢ社の損益を検証対象とした取引単位営業利益法に準ずる方法により検証しており、独立企業間価格で取引されたことを確認しています。さらに、Ｂ社の2017年12月期から2021年12月期までの５期について、Ｂ国の税務当局からＢ社が申し出た独立企業間価格の算定方法どおりの内容でユニラテラルの事前確認を受けており、

B社の2017年12月期の税務申告も、この事前確認に従って適切に行っています。

各国外関連取引の取引図

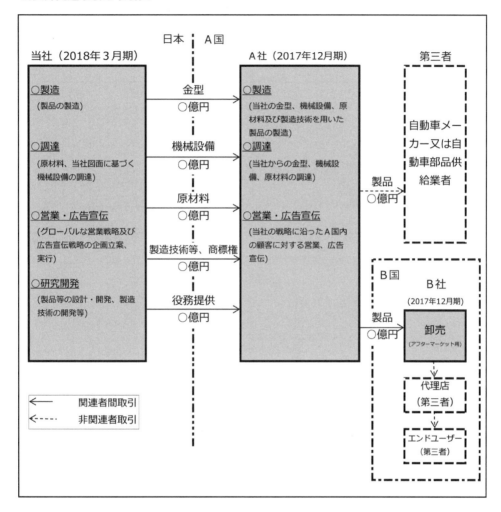

各国外関連取引に係る取引金額等の詳細

製　品	単価	年間取扱数量	年間仕入金額 （単価×数量）	販売単価	年間販売価格 （年間取引金額）	売上総利益	売上 総利益率
金型	○○円	○○	○○○円	○○円	○○○○円	○○○円	○%
機械設備							
原材料							
製造技術等、 商標権の 使用許諾料	－	－	－	－			
役務提供							

当社の各国外関連取引に係る損益の作成過程（図）

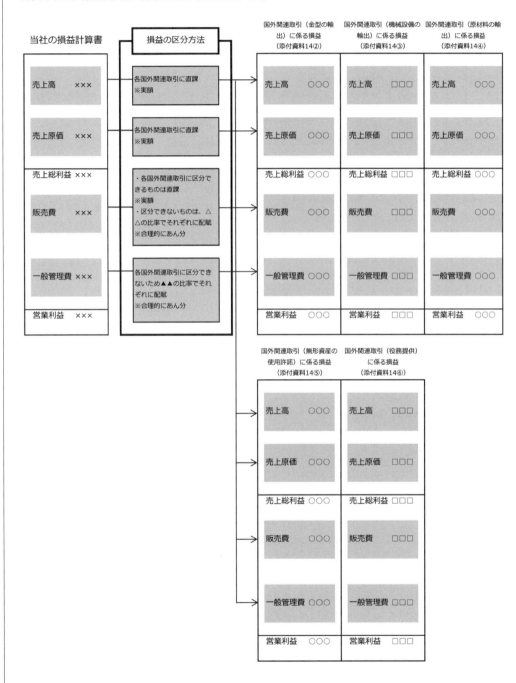

国外関連取引に係る当社及びA社の機能に関する整理表

活動区分	当社の機能		A社の機能	
	部署（人員）	内容	部署（人員）	内容
製造	○○工場 （○名）	▶製品Xの製造 ▶国外関連者の製造拠点への支援(工場の立上げ時や新しい製造工程の導入時等の技術支援、国外関連者の従業員へのトレーニング実施等)	□□工場 （○名） △△工場 （○名）	▶当社からの金型、機械設備、原材料及び製造技術等を用いた製品Xの製造
調達	購買部 （○名）	▶製品製造に係る ・原材料、部品等調達 ・国外関連者の部品の調達先の選定	資材部 （○名）	当社からの金型、機械設備及び原材料の購入
	製造管理部 （○名）	▶製品製造に係る ・機械設備の組立先、調達先の選定 ・国外関連者に対する機械設備の販売、据付け等指導	購買部 （○名）	非関連者からの部品の購入
営業・広告宣伝	営業統括部 （○名）	▶グローバルの営業戦略の企画立案 ▶国外関連者の販売管理	なし	
	海外営業部 （○名）	▶日本の顧客からA国のニーズに係る情報収集 ▶日本の顧客のA国での製品仕様の検討及び契約締結の準備	営業・販売部 （○名）	▶当社の戦略に沿った、A国の顧客への営業 ▶A国の顧客のニーズに係る情報収集及び当社へのフィードバック ▶販売までの在庫管理(平均60日)
	広告宣伝部 （○名）	▶グローバルの広告宣伝戦略の企画立案及び実行	広告宣伝部 （○名）	▶当社の戦略に沿った、A国における広告宣伝
研究開発	研究開発部 （○名）	▶国外関連取引を含む事業に係る ・基礎研究 ・製品開発 ・製造技術の開発	なし	
	設計部 （○名）	▶製品の ・企画、設計 ・仕様変更時の対応 ▶金型、機械設備の設計、製造		

国外関連取引に係る当社及びＡ社のリスクに関する整理表

リスクの種類	リスクの内容	リスクの負担者（リスクを引き受けるために果たす機能）	リスクが顕在化した場合の影響(額)・対応策（顕在化した事例）
研究開発	顧客のニーズの変化、新機種の導入時期の変更等の要因により、研究開発費用が回収できないリスク	当社（顧客のニーズに係る情報収集）	・当該研究開発の規模にもよるが、○億円〜○億円程度となる可能性が高い。 ・顧客及び市場の情報収集。 （大きく顕在化した事例はない。）
原材料の価格変動	原材料や部材の価格の高騰が販売価格に転嫁できず吸収できないリスク	当社（原材料の調達先の選定及び価格交渉、製造コスト削減のための研究開発） Ａ社 ※主となる原材料は当社からの輸入であり、価格設定は当社の調達価格ベースであるものの、著しい価格の高騰分は一定程度当社が負担する契約となっているため、Ａ社の負担は限定的	・価格の高騰する幅によるが、○千万〜○千万円程度となる可能性がある。 ・主たる原材料については、当社が一括して購入することから、一定程度の価格交渉力を有している。 （大きく顕在化した事例はない。）
市場価格の変動	市場における競争の激化による販売条件の悪化、需要の悪化等により費用が回収できない又は利益が獲得できないリスク	Ａ社（取引条件等に係る顧客との交渉） ※販売する拠点が負担	当該製品の搭載車種の生産期間に合わせて契約を締結しているため、当該製品の製造中に大きな影響があるというより、次期製品の契約条件に悪影響があることが多い。 （大きく顕在化した事例はない。）
製造ラインの操業度	生産稼働率が不十分な場合、生産休止期間が生じた場合、又は生産過剰の場合に製造に係る費用負担がかさみ、利益が獲得できないリスク	Ａ社（顧客の生産予測計画に係る情報収集） ※製造する拠点が負担	操業度が下がった程度、期間により影響は大きく異なる。 （大きく顕在化した事例はない。）
製品の在庫	棚卸資産を保有していることによる陳腐化、減耗、除却等の経済的損失を被るリスク	Ａ社（顧客の生産予測計画に係る情報収集） ※顧客の厳しい納期要求に対応するため、一定程度の在庫を保有	基本的に顧客仕様の特注品であり、当初の生産計画に基づいて製造されていることから、顧客事情による当該製品の搭載車種の生産中止等がない限り、除却等は発生しない。 （大きく顕在化した事例はない。）
信用	顧客が当該製品に関する支払を支払期日に行わず、対価を回収できないリスク	Ａ社（顧客の与信管理） ※製造した拠点が負担	顧客は日系、米系の大企業であり、信用リスクはほとんどない。 （大きく顕在化した事例はない。）
製造物責任・製品保証	製品が顧客との契約書上の仕様どおり機能しなかった場合等における顧客からのクレーム対応に伴う損失を負担するリスク	Ａ社、当社（製造技術の開発、Ａ社への技術支援） ※一義的にはＡ社だが、設計や製造工程の指導による不具合は当社	自動車部品の中でも人命に関わる部品ではないことから、莫大な損害になる可能性は少ない。 （大きく顕在化した事例はない。）
為替変動	Ａ国の取引通貨Ｃと日本円の為替変動に係るリスク（Ａ社にとって、販売の取引通貨はＣであり、当社からの調達の取引通貨は日本円であることから発生）	短期的にはＡ社、中長期的には当社（3か月に1度為替変動に応じ取引価格の見直しを行う。）	・急激な為替変動が起きた場合には、最終的に当社の損益に影響する。 ・当社では取引の80％についてヘッジを行っている。 （大きく顕在化した事例はない。）

国外関連取引において使用している無形資産に係る整理表

無形資産の区分	当社の無形資産	A社の無形資産
	内容・契約条件等	内容・契約条件等
製品に係るもの	▶製品に係る研究開発の成果 　（特許権、製造技術、ノウハウ等） ▶製品を製造する金型、機械設備の仕様に係るノウハウ	なし
製造に係るもの	▶製造に係る特許権、ノウハウ等 ・製造方法に係る特許、ノウハウ等 ・工場レイアウト、製造ラインに係るノウハウ等 ・機械設備の使用方法に係るノウハウ等 ・従業員へのトレーニングに係るノウハウ等	なし
商標権	▶ブランドを保有 ▶製品等の商標権（ロゴマーク等を含む）を保有	なし
マーケティングに係るもの	▶当社の高品質で安定した製品の供給と納期の信頼性への努力によって構築された自動車供給業者としての高い認知度	なし

※　規則第22条の10第1項第1号ハに該当する使用した無形資産だけではなく、同号イに該当する国外関連取引の対象となる無形資産についても、整理のため記載

辻・本郷 税理士法人

国際業務案内

【国際税務コンサルティング】

〇アウトバウンド法人向けサービス

　海外進出支援に関するコンサルティング

　海外駐在員に関する税務コンサルティング

　タックスヘイブンに関するコンサルティング

　租税条約の適用に関するコンサルティング

〇インバウンド法人向けサービス

　日本進出支援に関するコンサルティング

　会計関連サポート（設立〜記帳代行〜レポート、ペイロール等）

　税務申告サポート（法人税・地方税・消費税申告等）

　組織再編などの各種税務コンサルティング

〇移転価格に関するコンサルティング

　ポリシー構築サポート

　各種文書化サポート

　事前確認（APA）サポート、

　相互協議に関するコンサルティング

〇税務調査に関するコンサルティング

【海外進出先におけるコンサルティング】

弊社の現地関係会社がサポートいたします。

〇タイ

　Hongo Toyo Accounting Co., Ltd.

　https://www.ht-tax.or.jp/corporate/branch_oversea/thai/

〇カンボジア

　Hongo Tsuji Tax & Accounting (Cambodia) Co.,Ltd.

　https://www.ht-tax.or.jp/corporate/branch_oversea/cambodia/

〇ミャンマー

　Hongo Tsuji Tax & Accounting Myanmar Co., Ltd.

　https://www.ht-tax.or.jp/corporate/branch_oversea/myanmar/

〇アメリカ（ロサンゼルス）

連絡先

辻・本郷 税理士法人

〒 160-0022

東京都新宿区新宿 4 丁目 1 番 6 号 JR 新宿ミライナタワー 28 階

TEL　03-5323-3301（代表）　FAX　03-5323-3302

URL　https://www.ht-tax.or.jp/

ご質問・お気づきの点等ございましたらお気軽にご連絡ください。

執筆担当者

池田義典　上野嘉一　水上タカオ　高木健太　平井琢磨　酒井啓二

移転価格税制　20問20答【実践編】

2021年7月27日　初版第1刷発行

編著	辻・本郷 税理士法人
発行者	鏡渕　敬
発行所	株式会社 東峰書房
	〒160-0022　東京都新宿区新宿 4-3-15
	電話　03-3261-3136　FAX　03-6682-5979
	https://tohoshobo.info/
装幀・デザイン	塩飽晴海
印刷・製本	株式会社 シナノパブリッシングプレス